임금, 임금격차, 연대

김하영 지음

KB098035

임금, 임금격차, 연대

지은이　김하영
펴낸곳　노동자연대

등록　2012년 6월 11일(제 399-2012-000020호)
전화　02-2271-2395
팩스　02-2271-2396

mail@workerssolidarity.org
http://www.workerssolidarity.org/

발행일　1판 1쇄 2016년 5월 28일
　　　　　1판 2쇄 2016년 6월 8일
　　　　　2판 1쇄 2016년 7월 4일

값　4,000 원

ISBN 979-11-8518433-3　03300

잘못된 책은 바꿔 드립니다.

임금, 임금격차, 연대

김하영 지음

노동자연대

김하영 노동자연대 운영위원이자 조직노동자운동팀장으로 활동하고 있다.

지은 책으로는 《국제주의 시각에서 본 한반도》(책갈피), 《한국 NGO의 사상과 실천 – 마르크스주의적 분석》(책갈피), 《박근혜의 '노동개혁'에 맞서 어떻게 투쟁할 것인가?》, 《오늘의 동아시아 불안정과 한반도》(공저), 《북한은 어떤 사회인가? – 북한 체제에 대한 고전 마르크스주의의 비판》, 《북한 국가자본주의의 형성과 위기》, 《개량주의와 변혁 전략》(공저), 《단일전선체의 정치학 – 계급연합 전략 비판》 등이 있다.

차례

머리말

지금 정부와 사용자들은 임금피크제 도입과 성과연봉제 확대를 필두로 임금체계 개편을 추진하고 있다. 그들은 '정규직 과보호'론을 내세우며 대기업 정규직의 기존 성과를 공격하고 공공부문을 우선 타깃으로 삼고 있지만, 근본 목적은 노동자들 전체의 임금을 억제하는 것이다. 최근 국제노동기구(ILO)가 밝혔듯이, 정규직 보호 조항을 약화시킨 나라들에서 비정규직의 처지는 하나 같이 더 나빠졌다.

이런 상황은 노동자들에게 임금 문제가 매우 중요해졌음을 뜻한다. 이미 지난 10년 동안 실질임금 상승은 경제 성장이나 노동생산성 증가 수준의 절반에도 못 미쳤고, 노동소득분배율은 점점 하락해 온 터다. 그런데도 정부와 사용자들은 이 추세를 더 밀어붙이려 한다. 노동운동이 임금에 연연해서는 안 된다는 훈계는 현실에 발 딛고 있지 않은 것임에 분명하다.

정부와 사용자들은 노동시장 조건의 악화가 높은 임금과 좋은 일자리를 독식하는 조직 노동자들의 '이기주의' 때문인 것처럼 이간질한다. 그러나 지난 10년간 경제 성장에 미치지 못하는 임금 인상 추세에서 조직 노동자들도 전혀 예외가 아니었다. 이 소책자는 1장에서 2000년대 이후 급격한 임금소득 증가를 누려온 게 누구인지, 노동조합이 임금격차에 미치는 실제 영향은 무엇인지를 살펴보면서 정부의 거짓말을 낱낱이 반박한다.

그러나 최근 임금소득 격차 증대의 본질과 그 정치적 함의, 노동조합과 임금격차 사이의 관계 문제를 정확히 이해하는 것은 비단 정부의 거짓을 들춰 내기 위해서뿐 아니라 노동운동이 투쟁 방향을 제대로 잡는 데에도 중요하다. '조직 노동자들의 상당수가 임금소득 상위 10%에 드는 게 사실 아닌가', '조직 노동자들이 잘 싸울수록 임금격차만 벌릴 뿐 아닌가' 등의 냉소가 노동운동 안에도 상당히 퍼져 있기 때문이다.

사실, 노동운동 안을 들여다보면, 임금 방어가 중요해진 상황에 직면해 무기력한 대응을 낳을 약점들이 꽤 있다. 이 소책자는 이런 문제들(이론적·정치적 쟁점들)을 정면으로 다루고 있다.

2장에서는 진보·좌파 진영에서 두루 수용하고 있는 노동시장 분단론의 문제점을 다루고 있다. 노동시장 분단론이 진보·좌파 진영에서 하나의 상식처럼 돼 있다 보니, 정부가 '노동시장 이중구조론'을 들고 나왔을 때 제대로 대처하지 못했다. 이 소책자는 노동자들이 노동시장에서 서로 다른 지위를 점한다 해서 하나의 계급으로 단결하지 못하는지, 노동시장에서의 분할은 영속적이고 이 분할에 따라 노동자들 간의 이해관계가 대립하는지 등을 논쟁적으로 다룬다. 또, 재벌 대기업(원청) 정규직 노동자들은 '독점이윤'에 매수돼 온건화된 '노동귀족'인지, 중소기업 비정규 미조직 노동자들은 스스로 조건 개선에 나설 수 없고 누군가 그들을 대리해 개혁을 추진해야 하는지 등의 문제도 다룬다.

3장에서는 노동운동 안에서 임금격차 해소 대책으로 제시되고 있는 여러 제안들을 비판적으로 살펴본다. 진보 학계와 노동운동 일부가 제안하는 직무급제, 노동운동 내 상당수가 주목하는 스웨덴 연대임금 정책, 최근 일부 노조가 추진해 이목을 끌고 있는 연대기금, 원하청 불공정거래 근절 같은 산업정책 개입 등이 그것인데, 이 제안들이 현재 경제 위기와 노동자들의 처지라는 구체적 조건에서 왜 진정한 대안이 되기 어렵고 어떤 문제점이 있는지를 다루고 있다.

4장에서는 마르크스주의 관점에서 임금이란 무엇인가에서 시작해서, 노동조합 속 투사들과 사회주의자들이 임금체계와 임금격차 문제를 어떻게 다뤄야 하는지 제시하고 있다. 노동자간 격차를 해소해야 노동자 연대가 비로소 가능하다는 정태적 관점이 아니라, 노동자들의 투쟁을 통한 연대 확대가 격차 축소의 동력이라는 관점에서 이 문제에 접근하고 있다. 그러면서 잘 조직된 부문의 임금 방어 투쟁은 격차 축소를 위해 자제돼야 하기는커녕 여기서 사용된 힘이 전체 투쟁을 위해서도 사용되도록 해야 한다고 강조한다. 물론 이것은 자동적인 과정이 아니므로, 이를 위해 노동조합 속 투사들과 사회주의자들이 중요한 구실을 해야 한다고 제안한다.

독자들은 위 내용 중 관심 가는 부분을 먼저 읽어도 무방하다. 하지만 각 장에서 다루는 쟁점이 서로 독립적이면서도 내용이 연결되므로 되도록 순서대로 읽기를 권유하고 싶다.

이 소책자에는 부록으로 임금체계 개편 내용과 문제점을 다룬 글인 '정부와 사용자들은 왜 임금체계를 개편하려 하는가?'가 수록돼 있다. 이 글은 노동자연대 조직노동자운동 팀원이자 〈노동자 연대〉 기자인 박설 동지가 썼는데, 정부와 사용자들이 왜 현 임금체계를 골칫거리로 여기며 그것을 어떻게 개편하려 하는지 그 문제점을 파헤치고 있다. 이 소책자에 수록하도록 글을 써 준 박설 동지에게 감사 드린다.

마지막으로, 유독 일이 많이 겹쳐 짬을 내기 어려운 상황에서도 글을 읽고 꼼꼼하게 교열을 봐 주고 편집 조언도 해 준 최일붕 동지에게 감사 드린다. 덕분에 글의 취지가 더 선명해졌고 읽기도 훨씬 편해졌다. 그리고 최일붕 동지를 비롯해 강동훈, 박설, 김문성 동지 등과 틈틈이 한 토론이 이 글을 쓰는 데 자극과 도움이 됐음을 밝히며 이 자리를 빌어 감사를 전한다.

지은이 김하영

1장 임금격차와 노동조합

박근혜 정부의 고용노동부는 저임금과 청년 실업 문제 등을 해결하려면 "상위 10%의 자율적 임금인상 자제와 임금체계 개편"이 필요하다고 주장한다. '상위 10%'는 대기업·정규직·조직 노동자들을 겨냥하는 코드명이다. 대기업 정규직 조직노동자들이 '탐욕스럽게' 너무 많은 임금을 받는 게 핵심 문제라는 것이다.

임금격차의 진실

우리 나라에서 '상위 10%'의 임금 비중은 1995년 23.9퍼센트에서 2013년 35.2퍼센트로 빠르게 늘었다. 그렇다면, 지금 임금피크제와 임금체계 개편으로 임금 억제를 강요받고 있는 우리 나라 대기업·정규직·조직 노동자들 대부분은 과연 '상위 10퍼센트'의 임금소득 상승을 누리고 있을까?

김낙년 동국대 경제학과 교수의 통계를 보면, 자산 상위 10%가 전체 부의 66퍼센트를 보유하고 있다(그림1).

임금소득 통계는 자산 통계는 물론 소득 통계(자본소득

[그림1] 자산 수준별 부·소득 집중도

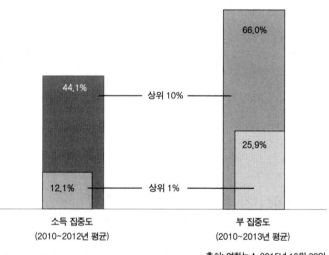

출처: 연합뉴스 2015년 10월 29일

이 그림은 노동을 통해 얻는 소득보다 이미 축적된 부를 통해 얻는 수익의 증가 속도가 빠름을 보여 준다.

포함)와 비교해서도 진정한 부의 집중도를 보여 주지 못한다. 그러나 이 점은 일단 차치하기로 하고 임금 추세를 살펴보자.

최근 임금 불평등 추세의 특징은 상위층 전반의 임금이 상승한 것이 아니라 최상위층의 임금이 폭발적으로 증가했다는 것이다. 2015년 발표된 한 논문을 보면, '상위 10%'

[그림2] 상위 10% 이내 집단별 임금 비중

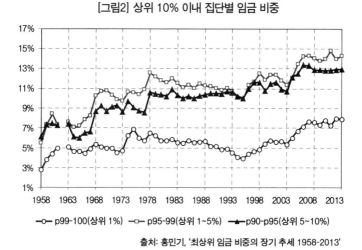

—◦— p99-100(상위 1%)　—▫— p95-99(상위 1~5%)　—▲— p90-p95(상위 5~10%)

출처: 홍민기, '최상위 임금 비중의 장기 추세 1958-2013'

이 그림은 최상위 1%의 임금 비중이 2000년대 들어 더욱 급속히 증가했음을 보여 준다. 또, '상위 10%' 임금 비중의 변화를 상위 1~5% 집단이 주도하고 있음을 보여 준다.

가운데서도 하위 5%의 임금은 2008년 이후 정체 상태여서 "상위 10% 임금 비중의 변화는 상위 5% 집단이 주도"한 것으로 나타났다(그림2). 최상위 1%의 임금 비중은 2000년대 들어 급속히 증가했다(홍민기, '최상위 임금 비중의 장기 추세 1958-2013', 《산업노동연구》 21권 1호).

위 홍민기(한국노동연구원 연구위원) 논문은 정보 제한 탓에 스톡옵션을 분석 대상에서 제외했다. 그러나 만약 최고 경영·관리자들의 스톡옵션을 계산에 넣었다면 최상위 1%가 '상위 10%'의 임금 비중 증가 추세를 이끌고 있음을 보여 줄 수 있었을지도 모른다. 최상위 1% 임금 집단은 관리자, 경영·금융 전문가 등으로 이뤄져 있는데, 2000년 이후 특히 관리자들의 임금이 거의 갑절로 대폭 올랐다. 이 가운데는 연봉이 수십억 원이 넘는 '수퍼리치'들도 있다.

가령 한 국회의원(김현숙, 새누리당)이 국민건강보험공단에서 제출받은 자료를 분석한 결과를 보면, 삼성전자 사장 신종균은 2013년 5월 월급으로 14억3천1백만 원을 받았다. 여기에는 보너스와 성과급이 포함돼 있지 않아 연봉을 계산하기 어렵지만 어림잡아도 2백억 원을 훌쩍 넘을 것이다.

또, 2013년 〈한겨레〉가 한국거래소 유가증권시장에 1998~2012년 연속 상장된 기업 457곳의 사업보고서를 분석한 결과를 보면, 직원과 임원 간의 연봉 격차는 갈수록 벌어지는 추세다. 이 기간에 연간 직원 임금은 1인당 평균 2천3백86만 원에서 6천3백60만 원으로 166퍼센트가 증가한 데 비해, 임원 보수는 1인당 평균 7천2백3만 원에서 2억4천4백96만 원으로 240퍼센트가 증가했다.

2016년 4월 재벌닷컴이 자산 상위 10대 그룹 소속 94개 상장사가 공개한 '2015회계연도 결산 사업보고서'를 분석한 결과를 보면, 국내 10대 그룹 계열 상장사의 임원과 직원의 연봉 차이는 10.6배가량 된다. 10대 그룹 상장사 중 임직원 간 격차가 가장 큰 기업은 삼성전자였는데, 삼성전자의 2015년 등기임원 평균 보수는 66억5천6백75만 원으로 직원 평균의 무려 65.9배가량 됐다.

임금소득 격차를 최상위 1%가 이끄는 것은 세계적 추세다(그림3 참고). 특히, 임금 불평등 추세가 한국과 매우 흡사하다는 미국에서 이런 양상이 두드러진다. 미국의 경우,

최상위 1% 임금이 경제 전체 임금 총액에서 차지하는 비중은 1970년에는 5퍼센트였지만 2010년에는 무려 12퍼센트에 달했다. 토마 피케티는 미국의 세금 신고 자료를 분석한 결과 최상위 0.1%의 60~70퍼센트가 대기업 최고경영자들로 천문학적 연봉을 받고 있다고 폭로했다.

[그림3] 최상위 1%의 소득점유율

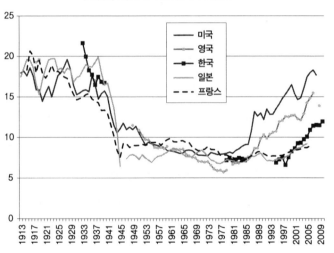

출처: 김낙년·김종일, "The Incomes in Korea", 낙성대연구소, wp2014-03.

이 그림은 한국 최상위 1%의 소득점유율이 1997년 이후 가파르게 증가하고 있음을 보여 준다.

임금소득과 계급

임금격차(불평등)를 최상위층이 이끌고 있다는 것은 중요한 정치적 함의를 갖는다. 임금 불평등을 노동자 계급 내부의 격차 문제로 조명하는 흔한 접근법과는 달리, 신자유주의 공세 속에서 최고 경영자와 중급 이상 관리자층 소득의 대폭 증대가 유력한 특징임을 보여 주기 때문이다.

이들은 엄청난 연봉을 챙겨가면서, 자신들이 더 유능하기 때문에 봉급을 더 많이 받는다는 이데올로기도 확산시켜 왔다. 이건희는 "천재 한 명이 십만 명을 먹여 살린다"고 말했다. 그러나 경영자들이 아니라 노동자들이 부를 생산한다. 경영자들은 노동자들이 생산한 부를 착취하는 일을 할 뿐이다.

누군가에게 고용돼 일하는 피고용인이 모두 노동자 계급에 속하는 것은 아니다. 정부 통계 상의 '임금소득자' 가운데는 삼성의 고용사장 같은 자본가 계급의 일원도 포함되고, 중급 관리자 같은 신중간계급 성원들도 포함된다. 이들을 뭉뚱그린 임금소득 통계는 노동자 간 임금격차를 과장하는 동시에 임금소득 격차의 계급적 본질을 감추는 효과를 낼 수 있다.

최상위층이 임금소득 증대를 누리는 동안 우리 나라 노동자들의 실질임금 인상은 경제 성장에도 미치지 못했다. 2000년부터 2014년까지 국가 경제는 누적으로 73.8퍼센트 성장했지만, 전산업 평균 실질임금은 경제 성장의 **절반**인 35.8퍼센트 증가하는 데 그쳤다(그림4). 이 격차는 특히 2008년 세계경제 위기 이후 더욱 심해졌다. OECD 자료에 따르면, 한국은 경제 성장과 임금 상승의 괴리가 OECD 국가 중 네 번째로 컸다.

노동생산성과 비교한 수치를 봐도 결과는 엇비슷하다. 박종규 한국금융연구원 선임연구위원의 분석 결과를 보면, 2007~2014년 노동생산성(노동자 1인당 생산량)이 12.2퍼센트 증가한 데 반해 실질임금은 노동생산성의 **3분의 1** 수준인 4.3퍼센트 상승하는 데 그쳤다(그림5). 박 연구위원의 또 다른 연구를 보면, 2007년 이후 한국의 실질 노동생산성은 OECD 비교 대상국 중 가장 **빠르게** 상승한 데 반해 임금 증가 속도는 최하위권이다. 한국의 노동생산성과 실질임금 상승률 격차는 세계적으로도 매우 높은 수준이다. 실질임금 상승이 노동생산성 증가를 따라가지 못했다는 것은 착취율이 증가했음을 뜻한다.

조직 노동자들도 결코 예외가 아니었다. 민주노총 통계를 보면, 2000년대 초반부터 최근까지(2012년 한 해 제외) "협약임금 인상률은 명목경제성장률(경제성장률+물가상승률)을 하회하는 수준"이었다(그림6).

물론 임금소득 격차가 최상위층(대개 최고경영자와 관리

[그림4] 2000년 대비 경제성장과 실질임금 상승 추이(2000~2014년)

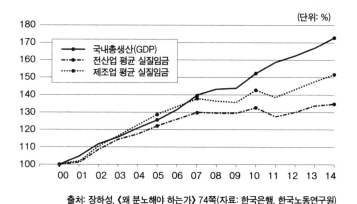

출처: 장하성, 《왜 분노해야 하는가》 74쪽(자료: 한국은행, 한국노동연구원)

이 그림은 2000~2014년 실질임금 상승이 경제 성장의 절반 수준에 그치고 있음을 보여 준다.

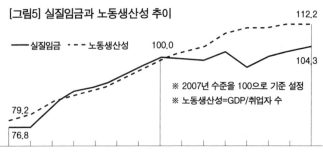

[그림5] 실질임금과 노동생산성 추이

── 실질임금 ···· 노동생산성

※ 2007년 수준을 100으로 기준 설정
※ 노동생산성=GDP/취업자 수

출처: 국민일보 2015년 3월 16일(자료: 한국금융연구원)

이 그림은 2007~2014년 실질임금 상승이 노동생산성 증가의 3분의 1에 그치고 있음을 보여 준다.

[그림6] 최근 10년간 경제지표와 협약임금인상률 추이와 격차(단위: %)

── 협약임금인상률
── 경제성장률 + 물가상승률

출처: 민주노총, '민주노총 임금투쟁 재활성화를 위한 담당자 합동워크숍(2014)'

이 그림은 조직 노동자들도 최근 10년간 '경제 성장에 미치지 못하는 임금 인상' 추세에서 예외가 아니었음을 보여 준다.

자들)과 나머지 사이에만 있는 것은 아니다. 노동자들 사이에도 성, 인종, 학력, 고용형태, 근속, 숙련 등에 따라 임금 격차가 엄연하게 존재한다. 노동자들 사이의 임금격차와 그 해소 문제에 대해서는 뒤에서 자세히 다룰 것이다. 여기서는 일단 지배자들이 어떤 임금격차에 대해서는 정당한 보상인 것처럼 옹호하는 한편, 어떤 임금격차는 부당하다며 노동자들의 임금을 하향평준화하는 데 이용한다는 점만 지적하려 한다.

가령 자본주의 옹호자들은 여성의 낮은 임금(남성의 63퍼센트에 불과)이 개인의 능력에 따른 정당한 보상인 것처럼 정당화한다. 반면, 최근 사례를 들면 연령과 근속에 따른 숙련을 인정해 지급되는 높은 임금은 부당하다며 중고령층의 임금을 후려치려 한다. 두 경우의 양상은 다르지만 모두 노동자들의 임금을 낮추기 위한 것이다.

특히 후자의 경우에 지배자들은 저임금 노동자들의 존재를 임금이 상대적으로 높은 노동자들을 공격하는 무기로 쓴다. 이들을 "귀족"이나 "철밥통"이라고 부르면서 말이다. 고용노동부가 '상위 10%'에 관한 신화를 퍼뜨리면서, 마치

대기업·정규직·조직 노동자들의 임금을 억제해야 저임금층의 조건이 개선될 수 있는 것처럼 말하는 것도 이런 맥락이다.

그러나 앞에서 살펴봤듯이 이 격차는 최고 경영자와 노동자들 사이의 격차만큼 크지 않다. 또, 최고 경영자들의 고액 연봉이 노동자들이 생산한 부를 빼앗은 것(착취)인 반면 일부 노동자들의 상대적 고임금은 저임금 노동자들로부터 빼앗은 게 아니다.

무엇보다, 한 나라의 임금 총량이 정해져 있고 노동자들이 그 가운데 얼마를 가져갈 것인지를 두고 제로섬게임을 해야 하는 것은 아니다. 한 부문의 노동자가 임금을 많이 받으면 다른 부문의 몫이 줄어드는 식이 아닌 것이다.

오히려 제로섬게임인 것은 자본가와 노동자의 관계다. 마르크스가 《임금, 가격, 이윤》에서 주장했듯이, 노동자가 창출한 가치가 "노동자와 자본가가 각각 자기 부분 또는 몫[임금과 이윤]을 끌어 내야 할 유일한 밑천"이고, 둘은 "한쪽이 더 많이 받으면 그만큼 다른 쪽은 적게 받게 되는" 반비례 관계에 있다.

노동소득분배율이 하락하고 있고, 고용주들과 정부가

이 추세를 더 지속시키고자 하는 지금, 노동 몫을 방어하고 키우는 것은 매우 중요하다. 이 점을 간과하고 노동자들 사이의 임금격차에 더 주목하는 것은 의도와 관계없이 정부의 이간질에 무기력하게 당하는 결과를 낳을 수 있다. 오히려 노동 몫을 키워야 전체 노동자들의 조건이 개선되는 가운데 격차 축소의 가능성도 커질 수 있다.

노동조합은 임금격차를 증대시키나?

고용노동부는 "노동운동이 강한 교섭력을 바탕으로 생산성 이상의 임금 수준을 확보해 온 관행"이 문제를 낳았다고 주장한다. 가만 놔뒀다면 원활하게 잘 굴러갔을 노동시장의 균형이 노동조합의 개입 때문에 깨지고 임금격차가 증대하는 등 '이중구조화'했다는 것이다. 달리 말하면, 노동조합이라는 '인위적 유인' 때문에 노동자들이 '적정' 수준 이상의 임금을 고집한 결과 경제와 노동시장에 위기가 발생했다는 것이다.

이 주장은 (이론적으로도 결함이 많은 주장이지만) 오늘날 한국의 현실에 끌어대기엔 정말 터무니없는 얘기다. 앞에서 살펴봤듯이, 최근 수년 동안 한국 노동자들의 실질임금 증가는 생산성 증가에 훨씬 못 미쳤고, 조직 노동자들도 예외가 아니었기 때문이다.

이것은 노동자들의 생활이 날로 팍팍해지고 저임금층이 확대되는 것에 대한 책임을 회피하고, 근로빈곤층의 불만을 조직 노동자들에게로 향하게 하려는 비열한 이간질일 뿐이다. 사실, 노동조합이 임금 불평등을 확대시킨다는 주장은 전 세계 지배자들이 노동조합을 비난하는 데 오랫동안 애용해 온 낡은 레퍼토리이다.

물론 노동조합은 노조가 건설되기 전에 비해 또는 노조가 없는 부문에 비해 임금을 상승시키는 뚜렷한 효과를 낸다. 1987년 이후 노동조합을 만들어 투쟁하면서 높은 임금 인상을 이뤘던 한국 노동자들의 경험이 이를 잘 보여 준다. 1987년 이후 몇 년 동안 노동자들은 두 자리 수 임금인상을 이뤘고, 1986~2002년 동안 명목임금은 약 8배, 실질임금은 약 3배가량 증가했다.

시기별로 보면 노동조합의 상대적 임금효과는 노동조합

이 많이 건설되던 시기인 1988~89년에 높았고, 그다음으로 IMF 위기와 그 직후에 높았던 것으로 나타났다. 노동조합이 경제 위기 상황에서 노동자의 조건을 방어하고 경기 회복기에 조건을 개선하는 중요한 구실을 했다는 뜻이다.

노동조합의 상대적 임금효과는 조사 연구에 따라 다소 차이가 있지만 현재 4~8퍼센트가량 되는 것으로 나타나고 있다(그림7). 한국노동연구원은 노동조합에 가입한 노동자가 동일한 개별 인적속성을 가진 비노조 노동자에 비해 임금 수

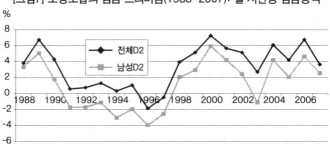

[그림7] 노동조합의 임금 프리미엄(1988~2007): 월 시간당 임금총액

출처: 김장호, '노동조합 임금효과의 변화: 1988~2007'

이 그림은 노동조합이 노조 없는 부문에 비해 임금을 상승시키는 뚜렷한 효과를 낸다는 것을 보여 준다. 이 그림에서 지난 20년간 노조 임금 프리미엄은 평균 3.4퍼센트로 나타나는데, 이 수치는 다른 연구들에 비해 다소 낮은 편이다.

준이 시간당 기준으로 8퍼센트 정도 높다는 통계를 제시한 바 있다('노사관계 및 노동조합의 사회경제적 영향 분석', 한국노동연구원 2007). 또, 남성 노동자의 경우 노조가 임금을 6퍼센트 상승시키는 효과를 내는 한편 여성 노동자의 경우 임금 상승 효과는 12퍼센트에 이르는 것으로 나타났다.

그러나 노동조합 조직화의 성과가 노동조합원들에게만 배타적으로 돌아가고 그 결과 노동자들 사이의 격차 증대만을 낳는 것은 결코 아니다. 국제적 경험을 보면, 노동조합이 잘 조직된 나라일수록 노동자들 일반의 처지가 더 나을 뿐 아니라 더 평등하다. 2008년 국제노동기구(ILO) 보고서는 신자유주의가 기승을 부리는 동안에도 이런 사실에 변함이 없음을 보여 줬다. 세계 어느 나라를 보더라도 노동자들이 노동조합으로 조직된 경우에 사정이 더 나았고, 노조 조직률이 높을수록 소득 분배가 더 평등했다.

한국의 경험도 이를 뒷받침한다. 노동조합이 임금에 미치는 효과를 연구한 결과들은 대체로 한국의 노동조합이 남성과 여성, 생산직과 사무직, 기업 규모, 그리고 학력 차이에 따른 임금격차를 줄이는 경향이 있었다고 지적한다.

노동조합은 사업체 내 노동자들 사이의 임금격차를 줄이는 효과를 내는 한편, 사업체 간 노동자들 사이의 임금격차도 줄이는 효과를 낸다. 김유선 한국노동사회연구소 연구위원의 분석(2007년)을 보면, 노조원의 임금은 비조합원에 견줘 2.5~14.1 퍼센트 높고, 사업장별로 봤을 때는 노조가 있는 사업장의 비조합원은 노조가 없는 사업장의 노동자보다 월평균 임금이 6.2~6.8 퍼센트 높다. 그래서 김 연구위원은 "노조의 임금 프리미엄이 존재하지만, 노동조합의 임금 인상은 저임금 노동자들의 임금 수준도 높이는 효과를 가져오면서 전반적으로 임금을 균등화하는 역할을 한다"고 지적한다. 또, 황덕순 한국노동연구원 연구위원의 분석을 보면, 노조 조직률이 높을수록 사업체 간 임금격차도 적다. 사용자들은 개별 기업체 간 지불 능력 차이에 따른 임금격차를 부여하려 하지만, 노동조합이 이를 "제한하거나 산업별 표준임금을 설정함으로써 임금격차를 축소시키는 효과"를 내기 때문이다.

노동조합이 사업체 내와 사업체 간 모두에서 임금격차를 줄이는 효과를 내는 것은 노조들이 하후상박의 연대 원리를 적용한다는 점, 가장 강력한 노조가 일종의 기준 설정자 구실을 해서 다른 노조들이 유사한 임금수준을 요구하도록 한다는 점 등이 작용한 결과라고 할 수 있다.

임금격차 확대는 노조 효과가 아니라 무노조 효과

이와 대조적으로, 비노조 부문에서는 사업체 내 노동자 간 임금격차와 사업체 간 임금격차가 모두 노조 부문에 비해 훨씬 크다(그림8). 그래서 널리 퍼진 통념과는 달리, 노동자들 사이의 임금격차가 확대되는 것은 노동조합 효과가 아니라 노동조합이 없는 효과라고 할 수 있다.

최근 강승복·박철성(각각 한국노동연구원 책임연구원과 한양대 경제금융학부 교수)의 연구는 이를 잘 보여 준다('임금분포에 대한 노동조합의 효과' 2014). 이들의 조사를 보면, 2000년 이후 임금격차가 확대된 것은 노동조합 효과가 아니라 오히려 "비노조부문에서 사업체 간 임금분산이 급격히 확대된 것이 주요 원인으로 나타났다." 노조부문의 사업체 간 임금분산은 연도별로 크게 변하지 않았다(그림9).

또한, 강승복·박철성은 한국의 노동조합이 현재 노동조

합 부문 내의 임금격차를 축소시키고 있고, 이 효과는 여기에서 그치는 게 아니라 전체 노동시장의 임금격차 축소에도 기여하고 있다고 밝혔다. "한국의 노동조합은 비록 영향력이 약화되고는 있지만 여전히 내부의 임금정책을 통해 노동

[그림8] 노조 사업체와 비노조 사업체의 임금분산 추이(전규모)

주: 1) 제조업에 종사하는 남성 근로자를 대상으로 분석
　　2) 사업체당 샘플 근로자수가 10인 이상인 사업체를 대상으로 분석

자료: 고용노동부,「임금구조기본통계조사」원자료, 각년도.
출처: 강승복·박철성, '임금분포에 대한 노동조합의 효과'

이 그림은 사업체 내와 사업체 간 임금격차를 모두 나타낸 것으로, 비노조 부문의 임금분산이 노조 부문보다 더 큰 양상이 지속되고 있음을 보여 준다.

조합 부문 내의 임금분산을 축소시키고 있으며, 이를 통해 전체 노동시장의 임금분산 축소에도 기여하고 있는 것으로 나타났다. 또한 노동조합이 전체 임금분산에 미치는 영향을 원인별로 분해한 결과 노조부문 내의 임금분산이 축소되거나 노조-비노조 간 임금격차가 축소되면 전체 임금분산도 축소되는 것으로 나타났다."

[그림9] 노조 사업체와 비노조 사업체의 사업체간 임금분산 추이(전규모)

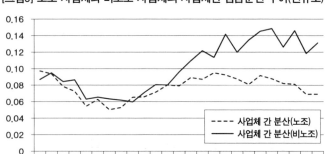

주: 1) 제조업에 종사하는 남성 근로자를 대상으로 분석
   2) 사업체당 샘플 근로자수가 10인 이상인 사업체를 대상으로 분석

자료: 고용노동부, 「임금구조기본통계조사」 원자료, 각년도.
출처: 강승복·박철성, '임금분포에 대한 노동조합의 효과'

이 그림은 2000년대 이후 임금격차 확대의 주요 원인이 비노조 부문에서 사업체 간 임금격차가 확대된 것에 있음을 보여 준다.

이것은 노동조합의 '이기주의'가 노동자들의 격차를 증대 시킨다는 정부의 비난이 거짓임을 보여 준다. 동시에, 노동 조합이 조직 부문 내의 격차는 줄였을지 몰라도 전체 격차 를 키우는 데 기여했다는 진보진영의 통념도 사실이 아님을 보여 준다. '가장 잘 조직된 부위가 잘 싸워서 전체 노동자 조건을 끌어올린다는 것은 옛말이 됐다'거나 '오히려 잘 싸 울수록 노동자 간 격차만 벌릴 뿐'이라는 냉소가 노동운동 안에도 퍼져 왔는데, 이는 참말이 아닌 것이다.

노동조합의 격차 축소 효과가 단지 조직부문 내에서만 작용하는 것이 아니라는 점은 국내외 다른 연구들과 경험 을 통해서도 알 수 있다. 가령 노동조합이 없는 기업의 고용 주들이 자기 기업 노동자들의 불만을 달래 노조 건설을 막 으려고 또는 사기 저하로 인한 생산성 저하를 막으려고 유 사 업종의 유(有)노조 기업만큼 임금을 올려 주는 것을 어 렵지 않게 볼 수 있다. 이 가운데 일부 기업의 노동자들은 다른 기업 노동자들이 노동조합을 만들어 노동조건을 크게 개선하는 것에 고무받아 노동조합을 건설하는 것으로 나 아갈 수도 있다.

요컨대 노동조합은 임금격차를 없애지는 못하더라도 전반적인 조건 개선 속에서 격차 축소에 기여한다. 위에서 살펴본 사실들은 **노동조합이 약화되고 무기력해질수록 기업 내 그리고 기업 간 임금격차가 훨씬 더 증대할 것임을 보여 준다. 노동조합(의 교섭력)이 강할수록**이 그런 것이 아니라 말이다.

특히, 지금 정부와 기업주들이 추진하는 임금피크제와 성과급제 등이 확대되면 임금격차는 더 확대될 것이다. 그들은 1987년 투쟁으로 대공장들에 정착된 "비경쟁적이고 동질적인" 임금체계(단일호봉제 같은)를 깨고 싶어 안달이다. 조직 노동자들이 임금체계 개악을 막고 임금 수준을 방어해야 전체 노동자들의 조건도 방어할 수 있다. 노동조합이 격차 확대만 부를 뿐이라며 조직 노동자들의 조건 방어를 등한시하면, 의도와는 반대로 전체 노동자들의 조건이 나빠지고 노동자들 사이의 격차가 증대하는 결과를 낳을 것이다.

2장 노동시장 분절은
노동계급을 해체시키나?

'노동시장 이중구조'가 핵심 문제라는 주장이 유행하고 있다. 안타깝게도 이 주장이 정부와 기업주들 측에서만 나오는 건 아니다. 매우 다양한 버전이 있긴 하지만 진보·좌파 내에서도 내부노동시장-외부노동시장, 내부자-외부자, 핵심-주변 이론이 유행이다.

그러다 보니, 정부가 '노동시장 이중구조론', '정규직 과보호론'을 들고 나왔을 때 진보·좌파의 상당 부분은 제대로 대처하기가 어려웠다. 노동조합 상근간부들과 유관 연구소 연구자들, 진보 사회학계의 노동시장·노사관계 전문가들, 심지어 좌파 활동가들 사이에서까지 노동시장 이중구조론은 20년 가까이(국제적으로는 40년 넘게) 막강한 영향력을 끼쳐 왔다. 사실, 정부가 이들의 약점을 이용하려고 이들의 무기고에서 쓸 만한 무기를 골랐던 듯하다.

물론 이중 노동시장론 또는 분절 노동시장론은 노동시장을 단일 경쟁시장으로 보는 입장(신고전파)을 비판한다는 점에서 일리 있는 면이 있다. 신고전파 경제학은 수요와 공급의 균형에 따라 임금이 정해지며, 노동시장에는 아무 차별이 없고 다만 개인의 능력(학력이나 숙련 등 '인적 자본')에 따라 노동시장에서 위치가 결정되고 일한 만큼 정당한 보상이 이뤄진다고 주장한다.

그러나 이런 주장은 왜 남성보다 능력이 모자라지도 않은 여성들이 저평가 받는 직종, 비정규직 일자리, 시간제 노동에 내몰려 남성보다 36퍼센트가량이나 낮은 저임금을 받는지 설명할 수 없다. 또, 왜 교육 수준과 숙련 수준이 비슷한 이주노동자들이 내국인 노동자들과 유사한 일을 할 때조차 훨씬 더 낮은 임금을 받는지 설명할 수 없다(2014년 국감자료를 보면 이주노동자 소득은 내국인의 59퍼센트가량). 이런 격차를 모두 개인의 능력과 성과에 의한 차이로 정당화할 수 없다. 그러나 남성과 여성, 내국인과 이주자 사이의 임금격차는 능력과 아무 관계 없고, 고용주들의 이익을 위해 노동자들을 분열시키려는 차별 때문에 벌어지는 일이다.

이중 노동시장론자들(제도학파 등)은 단일 경쟁시장 가설을 반대해, 노동시장에는 차별적 구조와 분절이 있고 자유로운 이동이 가로막혀 있는 부분 노동시장이 존재한다고 본다. 이런 부분 노동시장의 형성은 기업의 이해관계, 각종 차별, 정부 정책, 노동조합의 역할 등의 제도화에 따른 것이라고 한다. 이에 따라 노동자들은 질적으로 다르고 호환될 수 없는 두 개의 노동시장에 소속된다.

1차 노동시장은 고용안정과 높은 임금과 괜찮은 노동조건이 특징이고, 대기업 내부노동시장으로 이뤄져 있다. 내부노동시장은 자체의 임금과 승진체계 그리고 노동배치 관행을 갖기 때문에 거기에 속한 노동자들은 외부노동시장의 노동자들보다 유리한 조건을 누리면서 이들과의 경쟁에서 보호된다고 한다. 2차 노동시장(외부노동시장)은 불안정한 고용, 저임금과 열악한 노동조건이 특징이고, 여기에 속한 노동자들은 내부노동시장에 접근하기가 어렵다. 그래서 두 개의 노동시장에 속한 노동자들은 각 노동시장의 직무 특징 때문에 근본적으로 상이한 노동 경험을 갖게 되며 서로 이질화된다고 한다.

이중 노동시장론을 발전시켰던 사람들의 일부(사회축적 구조론자들)는 나중에 이를 비판하면서 "둘이 아니라 셋 이상의 중요한 분절이 존재"한다며 분절 노동시장론을 폈다. 대기업들도 일부 내부작업을 2차 노동시장에서 조직하기 시작하면서 분절의 증대가 이뤄졌고, 1차 노동시장 안에서도 '독립적인 노동' 관련 직무와 '종속적인 노동' 관련 직무 사이에 분절이 이뤄졌다는 것이다. 이와 같은 노동시장 구조와 직무의 분절은 질적으로 다른 세 집단(독립 1차 노동자, 종속적 1차 노동자, 2차 노동자)을 낳는데, 그 결과 노동계급은 파편화되고 "극적으로 약화"된다고 한다.

대기업 내부노동시장도 경쟁에서 자유롭지 않다

진보·좌파진영에서도 이런 견해들이 두루 수용됐다. 주로 기업규모와 고용형태 등에 따른 노동시장 분단(분절)

론으로 나타났다. 1990년대 이후의 연구들을 보면, 대개 1987년 이후 대기업을 중심으로 제조업 생산직 노동자들에 까지 내부노동시장이 확대됐다고 한다. 내부노동시장의 형성 이유로는 해당 기업에 특수한 숙련의 필요나 종업원 포섭 등이 언급된다. 제조업 생산직에까지 내부노동시장이 형성된 데는 특히 노동조합의 구실이 작용했다고 본다.

1997년 IMF를 불러들인 경제 위기 이후에는 내부노동시장의 이완에 대한 논의들이 많은데, 이는 비정규직의 확대와 관련이 깊다. 대기업 정규직(특히 사무직)의 해고와 임금유연성 강화(성과연봉제 도입), 대기업의 외주화 확대 등으로 1차 노동시장이 축소되고 2차 노동시장이 확대됐다는 것이다. 유연화가 진행되면서 노동시장은 더욱 잘게 분절화된다고도 한다.

그러나 1차 노동시장의 규모와 이완 정도를 어떻게 보든, 이런 논의의 공통점은 한편에 괜찮은 임금과 고용안정을 누리는 상대적 소수의 노동자 집단(들)이 있고, 다른 한편에 저임금과 고용불안에 시달리는 상대적 다수의 노동자 집단(들)이 있다는 것이다. 재벌, 대기업, 원청, 공공부문, 정규직, 숙련, 조직 노동자는 전자에 속하고, 중소기업, 하청, 비정규직, 미숙련, 여성, 이주, 미조직 노동자는 후자에 속한다. 그리고 이렇게 둘 또는 그 이상으로 분절된 노동자 집단은 매우 다른 노동 경험 속에서 도저히 하나의 계급이라고 보기 어려울 정도로 이질화·파편화된다고 한다.

이런 주장들은 대개 노동계급 한 부문의 고통은(저임금이든 차별이든 실업이든) 다른 한 부문이 좋은 노동조건을 독차지하고 있기 때문이라는 가정을 깔고 있다. 비록 좋은 조건의 노동자들이 직접적인 가해자는 아닐지라도 자신의 좋은 노동조건을 지키려는 협소한 부문주의와 실리주의 때문에 열악한 처지의 노동자들에게 결국 피해를 전가한다고 말이다. 여기서 좀 더 나아가면, 좋은 조건의 노동자들이 다른 노동자들의 열악한 처지로부터 득을 본다고까지 한다. 가령 원청 대기업 노동자들이 하청 노동자들의 저임금으로부터 득을 보고, 남성 노동자들이 여성 차별로부터 득을 본다는 것이다. 심지어 '1차적/핵심적' 노동자는 자신의 고용 안정을 위해 '2차적/주변적' 노동자의 증대를 환영한다고도 한다.

그러나 노동자들이 노동시장에서 서로 다른 지위를 점하

고 노동계급 내에 분할이 있을지라도, 이런 분할이 영속적인 것도 아니고, 이들 사이의 이해관계가 대립하는 것도 결코 아니다. 이를 네 가지 점에서 살펴보려 한다.

첫째, 이른바 '1차적/핵심적' 노동자들이 누리는 상대적으로 좋고 안정된 조건이 순탄하게 언제까지나 보장될 수 있는 것은 아니다.

대기업·공공부문·정규직 노동자들이 지금도 보통 노동자들과 유리된 '특권층'을 이루고 있는 것은 아니다. 이들의 임금 수준은 흔히 부풀려져 알려져 있고, 자신의 노동을 통제하는 처지에 있지 않으며, '유연화'로부터 안전 지대에 있지도 않다. 가령 현대차 정규직 노동자들이나 은행 노동자들은 오랫동안 장시간 노동으로 고통받았다. 연장 노동이라는 점에서 보면, 이들은 한국의 어떤 노동자 부문보다 가장 '유연화'된 집단이었다. 5백인 이상 대기업 노동자들의 노동시간은 3백인 이하 노동자들보다 훨씬 길다(그림10). 현대자동차 노동자들의 월급 명세서를 보면, 고임금의 상당 부분이 연장근로수당으로 채워지고 있음을 알 수 있다(그림11). 시간외수당이 21.4퍼센트로, 기본급 비중(29퍼센트)에

[그림10] 사업체 규모별 초과노동시간과 휴일노동일수 비중 추이

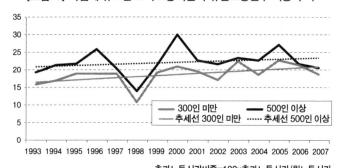

초과노동시간비중=100x초과노동시간/월노동시간

자료: 노동부, 〈임금구조가본통계조사〉, 1993~2007 원자료

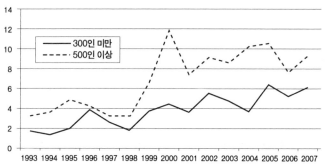

휴일노동일수비중=100x휴일노동일수/월노동일수

자료:노동부, (임금구조 기본통계조사), 1993~2007 원자료.

출처: 김철식, 《대기업 성장과 노동의 불안정화》, 202쪽.

이 그림은 5백인 이상 사업장 노동자들이 3백인 미만 사업장 노동자들보다 초과노동과 휴일노동을 더 많이 하고 있음을 보여 준다.

육박한다. 현대차 사측은 시급을 낮춰 연장 근로를 강제하는 식으로 현대차 노동자들을 쥐어짜 온 것이다. 기계를 풀가동해 설비투자의 효과를 뽑아내려고 말이다.

게다가 지금 대기업·공공부문·정규직 노동자들은 각종

[그림11] 현대차 노동자 월평균 임금 내역(2010년)

종업원	524만원
기본급	150만원(28.7%)
고정(정기)상여금 월할	125만원(18.4%)
시간외수당(연장·야간·휴일근로수당 포함)	96만원(14.3%)
변동상여금(연말 성과상여금 등)	66만원(12.7%)
통상임금에 포함되는 각종 수당	36만원(6.8%)
통상임금에 포함되지 않는 수당	35만원(6.7%)
연월차 보상수당 월할	14만원(2.7%)

생산직	545만원
기본급	158만원(29%)
시간외수당	116만원(월 평균 21.4%)
고정수당(통상+비통상수당)	월 33만원(6.1%)
기타 급여(연월차수당, 야간정규근로 및 연장잔업 등)	19만원(3.5%)
고정상여금	129만원(23.8%)
변동상여금	68만원(12.6%)

출처: 〈한겨레21〉 794호(2010년 1월 13일)

이 그림은 현대차 생산직 노동자들의 고임금이 연장근로수당에 상당히 의존하고 있음을 보여 준다. 시간외수당에 야간근로수당과 연장잔업수당 등을 합치면 기본급 비중에 육박한다.

기업복지 폐지, 성과에 따른 퇴출제 도입, 연공급 폐지(임금 피크제)와 성과급 도입 같은 공격에 직면해 있다. 이런 공격은 그동안 고용과 임금 면에서 대기업·공공부문·정규직 노동자들이 쟁취해 온 '과보호'를 깨뜨리기 위한 것이다.

어떤 사람들은 자본이 주변적 노동을 늘리는 대신 핵심 노동자에게 특권적 지위를 보장함으로써 노동계급을 영속적으로 분할하는 전략을 사용하려 한다고 주장한다. 그러나 이것은 가능하지 않다. 격렬한 국제 경쟁 속에서 고용주들은 아무리 재벌기업이라 할지라도 이렇게 할 여력이 없다. 박근혜 정부와 고용주들의 노동개혁 추진이 이 점을 잘 보여 준다.

재벌이 국가의 도움으로 특정 분야에서 지배적 지위를 차지하게 됐다고 해서 국내외 자본의 경쟁 압력을 피할 수 있는 것은 아니다. 특히, 세계화된 오늘날에는 일국 산업 내에서 막강한 위치를 차지하는 거대 기업조차 외국 경쟁자들과 치열한 경쟁을 벌여야 한다. 이런 경쟁 압박은 재벌 기업들이 자기 노동자들에게 지속적으로 좋은 조건을 제공할 수 없는 이유다. 독점 이론을 받아들이는 사람들은 흔히 자본간 경쟁이라는 요인을 간과함으로써 이런 점을 놓치기 쉽다.

이 점에서 대기업 내부노동시장이 시장 경쟁으로부터 자유롭다고 가정하는 것은 비현실적이다. 물론 거대 기업의 경제활동은 시장을 통하지 않고 내부에서 이루어지는 것이 많다. 그러나 마르크스가 비유했듯이, 기업 내부의 계획이 주변의 상품 생산이라는 바다 속에 섬처럼 존재하는 것은 아니다. 이런 내부 체제는 경쟁을 위해 잉여가치를 뽑아내고 축적하도록 강요하는 외부 압력에 대한 반응이다.

둘째, 이른바 '2차적/주변적' 노동자들이 열악한 처지를 개선할 수 없는 것은 아니다.

탈산업화로 자본주의가 근본적으로 변화해 '2차적/주변적' 노동이 '정상'이 된 사회가 돼 이제 노동자들이 거기에 맞춰 살아야 한다는 식의 얘기들이 많다. 정부는 특히, 저성장 시대("뉴노멀"), 탈산업화와 서비스 증대, 고령화 등으로 노동시장 사정이 근본적으로 변했다는 주장을 끊임없이 반복한다. 노동조건 저하를 피할 수 없다고 강조하기 위해서다.

진보·좌파진영에서도 탈산업화나 포스트포디즘 같은 논

의를 수용하는 사람들이 상당히 있다. 이들은 점점 더 많은 노동자들이 주변화돼 불안정해지고 약화된다고 강조하는 경향이 있다. 이로부터 각종 대리주의적 사회개혁 논의들이 나오기도 한다. 내부노동시장의 이완과 불안정 고용 확대를 주장하는 사람들도 점점 더 많은 노동자들의 주변화, 불안정화, 약화를 종종 강조한다.

그러나 '2차적/주변적' 노동자들이 정말로 자본주의 생산에 필수적이지 않은 주변적 노동력인 것은 아니다. 숱한 비정규직 노동자들이 상시적이고 핵심적인 업무를 담당하고 있다. 그런 만큼 투쟁의 잠재력도 상당하다. 고용이 유연화돼 있기 때문에 스스로 조직하고 싸울 수 없다는 것은 지극히 일면적인 주장이다. '2차적/주변적' 노동자로 분류되는 서비스, 여성, 비정규직, 특수고용 등의 노동자들은 특히 2000년대 이후 여러 난관 속에서도 스스로 조직하고 투쟁함으로써 조건을 조금씩 개선할 수 있음을 보여 줬다. 특히 화물노동자, 택배노동자, 대형마트노동자, 건설노동자, 학교비정규직노동자, 제조업 사내하청노동자, 청소노동자, 케이블방송 설치수리노동자 등은 눈부신 투쟁을 전개한 집단이다.

이런 노동자들은 갖가지 이유에서 불평등하고 불리한 기초 위에 노동시장에 흘러들어 왔을 것이다. 가령 많은 여성들은 육아로 인한 시간 제한, 경력 단절, 반찬 값이나 번다는 편견, 제한된 직종 등의 문제 속에서 돌봄 노동, 청소, 식당, 마트 등에 싸고 천대받는 일자리를 얻기 쉽다. 그러나 일단 노동시장에 나와서 일자리를 얻은 여성들은 동료들과 함께 노동조합을 만들고 임금 인상과 노동조건 개선을 위해 투쟁할 수 있다. 이것이 바로 노동력이라는 상품이 자본가들이 구입하는 여느 상품과 핵심적으로 다른 점 중의 하나다. 이런 투쟁들은 노동계급 내 분단이 자연적이거나 영속적인 게 아니라 도전할 수 있는 것임을 보여 준다.

대기업 초과이윤을 나누는 노동귀족?

셋째, '1차적/핵심적' 노동자들의 상대적으로 좋은 조건은 '2차적/주변적' 노동자들의 희생을 대가로 한 것이 아니다. 이 점은 매우 중요하다. 만약 '1차적/핵심적' 노동자들이 '2차적/주변적' 노동자들의 열악한 조건으로부터 이득을 얻는다면, 즉 이해관계가 대립된다면 둘 사이의 연대는 불가능할 것이기 때문이다.

안타깝게도 진보·좌파진영의 일부 사람들은 엄밀한 분석도 제시하지 않은 채, 대기업 정규직 노동자들이 독점에서 비롯한 초과이윤(하청 중소기업과 소비자로부터 수탈한)을 나눠먹는다고 종종 주장한다. 독점이윤을 누리는 기업들은 자기 노동자들에게 고임금을 허용하며, 그렇게 매수된 이 부문 노동자들은 결국 특권화되고 보수화된다는 것이다. 반면 독점기업에 '수탈'당하는 비독점 중소기업에 고용된 불운한 노동자들은 저임금과 고용불안을 겪는다. 이렇게 보면 결국 대기업 정규직 노동자들의 높은 임금은 비독점 부문 노동자들의 '초과' 착취로부터 나오는 셈이다.

20세기 초반의 '노동귀족'론은 선진국 자본가들이 제3세계로부터 얻은 '초과이윤'을 자국 노동계급의 상층부에게 나눠줘 이들, 제국주의 나라 노동계급의 상층부가 특권화·개혁주의화했다고 주장했다. 노동귀족론의 최신 버전들은 주요 산업부문을 지배하는 거대 독점기업이 어떻게 초과이윤을 벌어들이고 자기 노동자들에게 고임금과 고용 안정을 제공하는지에 주목한다. 세계적으로 스탈린주의 정당 출신자, 좌파 개혁주의와 급진 좌파, 저임금·불안정 노동자 조직에 주력하는 활동가 등의 일부는 노동운동의 온건화·개혁주의화에 대한 설명으로 노동귀족론을 두루 수용하고 있다.

그러나 20세기 초반의 노동귀족론은 제3세계로부터 얻은 초과이윤이 선진국 노동계급 상층에 어떻게 돌아갔는지 보여 줄 수 없었다. 이와 마찬가지로, 최신의 버전들도 독점적 초과이윤이 독점부문 노동자들에게 돌아간다는 것을 보여 주지 못한다. 게다가 20세기 초반의 노동귀족론은 제1차세계대전 당시 노동자 계급 투쟁에 의해 실천적으로 정면 반박당했다. 제1차세계대전 당시 유럽 전역에서 노동자 반란을 주도하고 코민테른을 열광적으로 지지했던 것은 임금이 상대적으로 높고 잘 조직된 노동자들이었던 것이다. 당시에 이들은 '노동귀족'으로 불렸는데, 1917년 러시아 혁명을 이끈 볼셰비키의 중추도 바로 그런 노동자들이었다.

독점이 경쟁을 대체하고 독점기업이 초과이윤을 누린다는 주장은 고전적 마르크스주의자들의 반론에 계속 부딪혀왔다. 크리스 하먼은 아르헨티나 마르크스주의자 알레한드로 다바트가 미국 독점체들이 평균이윤 이상을 갖지 못했음을 실증적으로 보여줬다고 지적했다. 알레한드로 다바트는 마르크스의 이윤 이론을 기초로, 일단 독점화가 일정 지점을 넘어 진행되면 독점이윤이 평균 이상으로 유지되기 어려운 이유를 설명했다. 저명한 마르크스주의 경제학자 굴리엘모 카르케디는 우리가 현실에서 보는 것은 독점이 아니라 과점 경쟁이라며, 이런 경쟁형태를 가치법칙의 틀 내에서 설명했다. 또, 미국 사회주의자인 찰리 포스트는 1970년대 이후 많은 통계적 연구들이 산업 집중과 이윤·임금 수준 사이에 상관관계가 없음을 보여 준다고 지적한다. 오히려 임금 차이는 자본집약 정도와 노동생산성 차이에 따른 것이다.

물론 대기업들이 '규모의 경제'의 이득을 누리지 않는 것은 아니다. 그들은 선진 기술의 대규모 투입(막대한 자본 투자를 통한) 덕분에 시장에서 우월한 경쟁적 지위를 차지할 수 있다. 그리고 작고 약한 자본들에게 불리한 조건을 강제하고 이들이 가하는 경쟁 압력을 가로막을 수 있다.

그러나 경쟁 자체가 사라지거나 초과이윤이 계속 보장되는 것이 아니기 때문에(세계 자동차산업의 치열한 경쟁에서 보듯이) 대기업은 자신이 고용한 노동자들로부터 잉여가치를 최대한 많이 뽑아내는 것에 단연 관심을 기울이지 않을 수 없다. 비독점 부문으로부터 이전시킨 잉여가치를 자기 기업 노동자들에게 나눠주는 데 관심을 기울이는 게 아니라 말이다.

가령 현대차 기업은 1990년대 이후 설비투자를 엄청나게 늘렸다. 생산설비 투자가 확대되면서 자본집약도가 높아지고 노동생산성이 빠르게 향상됐다. 2014년 현재 한국자동차업계의 1인당 생산대수는 37대인데, 현대·기아차는 이미 2000년대 초반에 50대를 넘었다(현대차는 2002년, 기아차는 2004년에). 이처럼 대기업들이 설비투자를 통해 노동생산성을 증대시키면서 하청·중소기업과의 노동생산성 격차는 더 벌어졌다. 대기업의 생산성을 100이라고 했을 때 중소기업의 생산성은 1988년 57퍼센트였는 데 비해 2013년에는 34.5퍼센트로 떨어졌다.

마르크스주의 정치경제학에서 착취율은 실질임금뿐 아니라 노동생산성에 의해 결정된다. 노동생산성이 높을수록 노동자들이 창출하는 임금당 잉여가치가 더 크다. 그래서 중소기업 노동자들이 대기업 노동자들보다 임금도 더 적고 노동조건도 더 열악하지만, 착취율은 대기업 노동자들이 더 높다고 할 수 있다. 노동자가 생산한 부 가운데 자본가에게 빼앗기는 비율이 대기업 노동자들이 더 크다는 의미다. 실제로 대기업의 노동소득분배율은 한국 전체 수준보다도 더 낮은 것으로 나타났다. 한국 전체 노동소득분배율

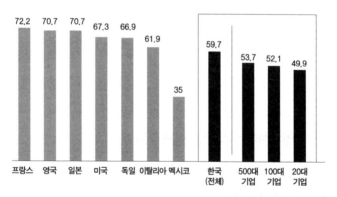

[그림12] 한국 기업의 노동소득분배율

자료: OECD, 한국은행, 금융감독원
출처: 〈경향신문〉 2013년 9월 8일자

이 그림은 대기업의 노동소득분배율이 한국 전체 수준보다도 더 낮은 것을 보여 준다.

은 59.7퍼센트인데, 20대 기업 노동소득분배율은 50퍼센트도 되지 않았다(그림12).

요컨대 대기업·공공부문·정규직 노동자들은 중소기업 노동자들을 착취한 초과이윤을 나눠먹기는커녕 중소기업 노동자들과 꼭 마찬가지로 착취당한다. 이 둘은 서로 마주보는 게 아니라 같은 편에 서 있는 것이다. 어떤 사람들은 어쨌든 대기업 고임금의 기초인 생산성 증대는 부분적으로 중소기업의 혁신 성과를 수탈한 결과라고 주장한다. 그러나 자본주의에 고유한 불균등 발전(기업간, 산업간, 지역간, 국가간)의 책임을 노동자들에게 물을 수는 없다. 이런 관점은 착취관계보다 기업간 부등가교환(또는 불공정거래)을 더 근본적인 것으로 보면서, 노동자의 이해관계를 각각 자기 기업주에게 일치시키는 잘못을 범하게 된다.

공통의 이해관계

넷째, '1차적/핵심적' 노동자들과 '2차적/주변적' 노동자들의 임금과 노동조건 곡선은 서로 반대 방향을 향하기보다 등락을 함께하는 경향이 있다.

대기업 정규직 노동자들이 임금과 조건을 개선하면 기업주는 비용 증가를 중소기업에 전가해 결국 중소기업 노동자들의 조건 하락으로 이어진다는 주장을 흔히 한다. 그래서 진보·좌파진영에서조차 대기업 정규직 노동자들이 임금 인상을 요구하는 것을 좋지 않게 보는 경향이 있다. 이런 경향은 대기업의 고임금이 노동자들을 매수하는 은폐된 뇌물이라는 잘못된 생각과도 맞물리며 꽤 확대됐다.

그러나 대기업 정규직 노동자들의 임금 인상이 중소기업 노동자들의 임금 인하로 이어진다는 것은 사실이 아니다. 비록 격차가 좁혀지는 것으로까지 나아가지는 못했지만, '1차적/핵심적' 노동자들의 임금이 인상될 때 '2차적/주변적' 노동자들의 임금도 올랐고, 그 역도 마찬가지였다.

이는 대기업과 중소기업, 정규직과 비정규직의 임금 추이를 보면 알 수 있다(그림 13과 그림14). 원청과 사내하청 노동자들의 관계도 마찬가지다. 가령 현대차 정규직 노동자들이 임금과 노동조건을 개선하는 동안 현대차 사내하청 노동자들도 임금과 노동조건을 개선해 왔다. 지난 수년 동안 현대차 사내하청 노동자들의 임금은 빠르게 늘어, 1차 부품사에 비해 30퍼센트, 2차 부품사에 비해 51퍼센트나 높은 것으로 나타났다.

이와 같은 사실들은 대기업·공공부문·정규직 조직노동자들이 임금을 자제해야 중소기업·비정규직·미조직 노동자들의 처지가 나아진다는 정부의 주장(진보진영의 상당 부

[그림 13] 대기업-중소기업 임금 추이(2003~2014)

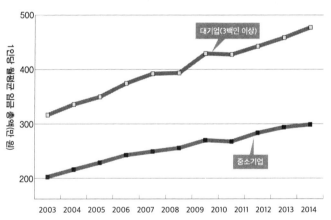

이 그림은 비록 격차가 좁혀지지 않고 있지만 대기업과 중소기업 노동자들의 임금이 등락을 함께하고 있음을 보여 준다. 대기업 노동자들의 임금이 주춤할 때 중소기업 노동자들의 임금은 오르기보다 함께 주춤했다.

분도 공유하고 있는)이 사실이 아님을 보여 준다. 2015년 국제노동기구(ILO)는 정규직 보호 조항을 약화시킨 나라들에서 비정규직의 처지가 더 나빠지고 궁지에 내몰리게 됐다는 것을 보여 주는 실증 자료를 내놨다.

또한, 거꾸로 '2차적/주변적' 노동자들이 확대되거나 열악한 노동조건이 유지돼야 '1차적/핵심적' 노동자들의 조건이

[그림14] 정규직-비정규직 시간당 임금 추이(2004~2014)

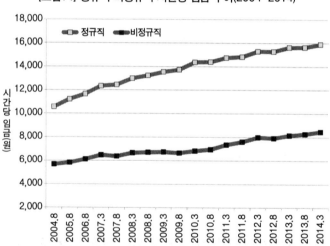

이 그림은 비록 격차가 좁혀지지 않고 있지만 정규직과 비정규직 노동자들의 임금이 등락을 함께하고 있음을 보여 준다.

보호될 수 있다는 생각도 참이 아니다. 사측은 흔히 이런 이간질을 한다. 그러나 노동조건이 나쁘고 고용이 불안정한 노동자 집단의 유입은 흔히 기존 노동자들의 조건 하락을 압박한다. 이를 막으려면 기존 노동자들이 외주화나 비정규직 확대를 저지하고, 일단 유입된 비정규직의 조건 개선을 위해 함께 투쟁해야 한다. 기존 노동자들의 조직과 투쟁력이 강력하면 '2차적/주변적' 노동자들을 '1차적/핵심적' 노동자로 끌어들일 수 있다.

물론 조직 노동자들은 의식이 천차만별이고 언제나 자신감이 높은 것도 아니다. 사기가 낮은 노동자들은 비정규직의 조건을 개선하면 자신들의 조건 개선에 사용될 회사 재정이 줄어들 것이라는 생각, 비정규직을 정규직화하면 안전판이 사라져 회사가 어려워질 때 자신들의 고용이 불안해질 가능성이 더 커질 수 있다는 생각 등으로 기울 수 있다.

이럴 때 온건한 노동조합 지도자들은 이런 조합원 후진층의 정서를 이유로(지도부는 선진층만 생각할 수 없다며) 흔히 투쟁을 회피하고 회사와 적당한 타협을 한다. 가령 기존 조합원들의 고용은 보장하는 대신 자연감원분을 비정규직으로 매우는 방식에 합의하거나, 비정규직 해고 등과 같은 공격을 외면하는 식으로 말이다.

그러나 노동조합 지도자들의 배신적 타협의 책임을 조직 노동자들 전체에 물으며 도매금으로 떠넘겨서는 안 된다. 노동조합 지도자들의 그런 타협은 조합원 선진층은 물론 때로 조합원 다수의 의견을 거스르는 것인 경우도 흔하다. 좌파와 사회주의자들은 투쟁적 대안을 제시하면서 이간질의 영향을 받기도 하는 조합원들을 설득하고자 애써야 한다. 이럴 때 조합원들 내의 세력균형을 바꾸고, 정규직과 비정규직의 연대를 이룰 수 있다.

마지막으로, 노동시장 분단(분절)론의 문제점은 **노동시장에서의 위치에 따른 노동자들의 격차(불평등)에 주목하고, 그에 따라 노동자들의 이해관계가 갈린다고 본다는 것**이다.

그러나 이 사회의 진정한 격차(불평등)는 노동시장 내 위치에서 판가름 나는 게 아니라, 노동자들이 생산수단을 소유하지 못한 결과로 노동시장에서 노동력을 팔지 않을 수 없다는 데서 비롯한다. 이런 근본적으로 불리한 관계 속에서 노동자들은 통제적 노동과정을 강요받고, 잉여노동을 빼앗긴다(착취). 이를 통해 이윤을 획득한 고용주는 새로운 생산수단을 구축하고 자신에게 유리한 조건으로 노동자들을 일 시킬 능력을 강화한다. 이 점에서 마르크스는 노동자들이 노동시장에서 서로 다른 위치에 있을지라도 모두 자본으로부터 착취당한다는 같은 이해관계가 있으며, 그래서 착취에 맞서 단결할 수 있다고 봤다.

반면, 노동시장에서의 위치에 따라 노동자들의 이해관계가 갈린다고 보면, 노동시장에서 형성된 차이와 다양한 집단 사이의 갈등을 조정하는 게 중요한 문제가 된다. 그리고 이런 관점으로는 노동계급 내부에 비록 차이가 있을지라도 그 차이를 극복하고 체제에 맞설 잠재력이 노동계급에 있다는 점을 보지 못한다. 그래서 체제 내에서 노동자들 사이의 격차를 줄일 수 있는 대안, 즉 재분배(계급 내 재분배이기 십상인)와 그것의 제도화에 희망을 거는 데로 나아가기 쉽다. 진정한 불평등을 재생산하는 근원인 체제는 그대로 나둔 채 말이다.

3장 격차를 줄이는 임금 대안?

직무급은 더 평등한 임금인가?

진보 학계나 노동운동 일부에서는 임금체계 개편에 '반대만 할 게 아니라 대안을 내놓는 게 중요하다'고 주장한다. 그들은 한국 자본가 계급이 오래 전부터 깨뜨리고 싶어 한 연공급제가 노동자들의 입장에서도 문제가 된다고 본다. 호봉제가 한 직장의 근속을 기준으로 하고 고용이 안정된 정규직에만 적용되기 때문에, 정규직과 비정규직, 남성과 여성, 기업(규모) 간 임금격차를 심화시킨다는 것이다. 또, 정규직 고용 비용의 증가로 비정규직이 확대되는 결과를 낳는다고도 한다. 그래서 이런 격차를 해소하려면 기업을 뛰어

넘어 사회적으로 합의된 직무 가치에 따라 임금을 정하는 직무급제를 도입해야 한다는 것이다. 직무급이 '동일노동 동일임금'을 가장 잘 구현할 수 있는 임금체계라는 것이다.

이들이 대안으로 제시하는 직무급이 현재 정부와 경영계가 임금체계 개편 방안으로 제시하고 있는 직무성과급과 같은 것은 아니다. 정부와 경영계는 개별 기업별로 기업의 목표에 부합하는지 여부에 따라 직무 가치를 결정하고, 기업의 수익 창출에 대한 기여와 개인의 업무 성과가 반영되도록 직무급을 설계하려 한다. 이것은 노동자들에 대한 사측의 통제를 강화하고, 성과를 잣대로 기업 구성원 간 임금격차와 차별을 정당화하는 임금체계다.

이처럼 둘 사이에 엄연한 차이가 있음에도 진보 학계나 노동운동 일부가 직무급을 대안으로 제시하는 것에 대해 적어도 두 가지 점에서 근본적인 문제를 제기할 수 있다.

첫째, 정부와 기업주들은 임금체계를 개편함으로써 임금을 하향평준화시키려고 하는데, 진보 학계와 노동운동 일부가 제안하는 직무급은 이에 직면해 완전히 무력하다는 것이다.

정부와 기업주들은 연공급을 폐지하고 직무성과급을 도입함으로써 지금껏 대기업·공공부문·정규직 조직 노동자들이 누려 온 상대적 혜택을 빼앗으려 한다. 한편으로 차별 해소를 명분으로, 다른 한편으로 '사람(성, 연령, 학력 등)'이 아니라 '일(직무)'에 따라 임금을 준다는 '합리성'을 내세워서 말이다. 요컨대 임금체계 개편의 핵심 목적은 상대적 고임금 노동자들의 임금 억제이고, 이를 통해 노동계급 전체의 조건을 하락시키려는 것이다.

그러나 진보 학계와 노동운동 일부가 제안하는 직무급 논의는 대체로 대기업·공공부문·정규직 조직 노동자들의 조건 방어에는 거의 관심이 없다. 오히려 노동자들 사이의 임금격차를 줄이려면 한 부문의 조건 개선을 위해 다른 부문이 손해를 감수해야 한다고 보는 경향이 있다.

윤진호 인하대 경제통상학부 교수의 연구 결과를 보면, 직무급이 도입되면 평균 기본급 기준으로 임금이 약 15퍼센트 하락하고, 특히 남성(21퍼센트), 중장년층(22퍼센트), 대졸 노동자(26퍼센트)의 임금이 대폭 하락하는 것으로 나타났다(윤진호, '한국의 임금체계', 《일의 가격은 어떻게 결정되는가 1》). 그래서 대안적 직무급제를 도입하려면 손해보는 노동자 부문에 대한 설득이 중요해진다고 한다.

따라서 진보 학계와 노동운동 일부가 제안하는 직무급제는 그것이 아무리 정부와 기업주들의 직무성과급과 다르다 할지라도, 정부와 기업주들이 직무성과급제를 도입하려는 핵심 목적을 좌절시키고 노동자들의 조건을 방어하는 대안이 되기가 어렵다. 오히려 정부(의 평계)와 많은 전제를 공유한 나머지, 정부가 우리 측을 공략하는 허점으로 작용할 위험이 있다.

둘째, 진보 학계와 노동운동 일부에서는 직무급이 동일노동 동일임금을 가장 잘 구현해 각종 차별을 제거할 수 있는 임금체계라고 주장하지만, 직무급으로의 임금체계 개편이 그것을 자동으로 보장하는 것은 아니다. 직무를 누가 무슨 기준으로 나누고 그 가치를 누가 정하느냐는 문제가 있다.

최근에 기업주들은 직무를 잘게 쪼개어 서로 다른 직무에 차별적 임금을 지급하는 것이 당연하다는 논리를 강화하고 있다. 이런 직무급은 노동자간 격차를 해소하기는커녕 차별 정당화의 논리로 사용될 수 있다. 가령 기업주들은 비정규직의 정규직 전환 시 차별적인 직무별 임금구조를 적용하기 위한 방편으로 직무급제를 검토하기도 한다.

어떤 노동자들은 직무가 저평가돼 직무급제 도입과 함께 더 열악한 조건을 강요당할 수도 있다. 미국이나 유럽의 경험을 보면 주로 여성이 담당하는 직무가 낮게 평가되는 경우가 흔하다.

소위 과학적 직무평가라는 것은 속임수다. 자본주의 사회에서 아이를 돌보는 것이 더 중요하게 평가받을까, 아니면 기계를 '돌보는' 것이 더 중요하게 평가받을까, 아니면 돈을 '돌보고' '키우는' 것이 더 중요하게 평가받을까? 자본가라면 이것을 정하는 데 0.5초도 안 걸릴 것이다. 또, 직무평가에는 책임감이나 태도가 중요한 요소로 포함되는데, 사측과의 투쟁에 앞장서는 투쟁적 노동조합원들은 거의 다 매우 낮은 평가를 받을 수밖에 없을 것이다.

일각에서는 임금 교섭이 기업별로 이뤄지는 한국의 현실에 직무급이 맞지 않다고 주장한다. 그래서 그 대안으로 노사정위원회나 사회적 대화를 제안한다. 그러나 과연 직무급 도입으로 차별이 사라질 수 있는가 하는 것은 단지 직무 가치의 기준을 공정하게 논의하고 결정할 산별 또는 중앙교섭이 보장돼 있느냐는 문제만은 아니다. 임금과 노동조건의 부당한 차별을 제거할 수 있느냐는 협상 테이블에서 노사가 직무평가를 엄밀하게 정하는 데서 나오기보다는 노동과 자본 사이의 힘 관계에 달려 있다.

'동일노동 동일임금'은 사용자들의 무기가 됐는가?

진보 학계와 노동운동의 일부가 '동일노동 동일임금'을 근거로 직무급제를 대안으로 내놓고 있는 데 반해, 또 다른 일부는 '동일노동 동일임금'이 실제로는 '다른 노동 다른 임금'을 정당화하는 데 이용될 뿐이라며 노동운동이 이 요구를 폐기해야 한다고 주장한다. 이제 '동일노동 동일임금'이 노동자 분할과 서열화, 차별 구조를 정당화하는 방법이 됐다는 것이다.

이들의 문제의식은 이해할 만한 면이 있다. 고용주들이 '동일노동 동일임금'을 비정규직 차별과 여성 차별에 이용하고(분리직군을 만들어 차별 임금을 정당화하는 식으로), 성과주의 임금체계를 도입하는 명분으로(직무능력과 직무성과에 따라 임금을 주겠다며) 이용하고 있기 때문이다.

사용자들은 무엇이든 위선적으로 이용할 수 있고, 해괴한 논리를 끌어올 수 있다. 그러나 그렇다고 해서 차별적 임금에 반대해 동일임금을 지급하라는 요구가 부적절해지는 것은 아니다. 특정 수당이 여성에게는 제외된다든가, 보너스가 비정규직에게는 제외된다든가, 유사한 일을 하는 이주노동자들에게 더 낮은 임금이 지급된다면 동일한 처우를 요구하는 것은 지극히 정당하다.

물론 이것이 법률이나 고용주가 정한 '동일임금을 지급할 수 있는 동일노동'의 평가 잣대나 범위를 고분고분 수용할 수 있다는 뜻은 아니다. 흔히 이런 기준은 매우 협소해 동일노동이라는 점을 입증하기가 하늘의 별 따기이고 차별 시정으로 이어지기가 어렵다. 가령 남성과 함께 일하지 않는 수많은 여성들이나 혼성라인에서 일하지 않는 수많은 비정규직은 적용 대상이 되기 어렵다. 고용주들은 이런 회피 논리를 계속 정교하게 만들어 나갈 것이다.

'동일노동 동일임금'을 위한 국제 노동자 투쟁의 경험을 보면 그것이 낮은 직급 배치나 차별적 직무 평가에 대한 저항을 의식적으로 동반했음을 알 수 있다. 직무를 분할해 차별 임금을 정당화하는 것에 맞서기 위해서 말이다. 그런 때 동일임금법에 근거한 판결이 노동자들의 손을 들어 주는 경우는 흔치 않았다. **투쟁이라는 강제력이 없다면 말이다.** 강력한 투쟁이 있을 때만 노동자들은 고용주에 맞서서든 법정 투쟁에서든 성과를 거둘 수 있었다. '동일노동 동일임금'이 얼마나 폭넓게 적용되느냐, 차별 완화를 강제할 수 있느냐는 전적으로 **투쟁에 좌우**될 수밖에 없다.

유럽에서 지난 수십 년 동안 남녀 임금격차가 상당히 줄어들 수 있었던 것은 남녀 노동자들이 중요한 투쟁들을 벌인 결과였다. 20세기 초 남성 임금의 절반 수준에 불과했던 여성 노동자들의 임금은 현재 OECD 평균 85퍼센트 정도다.(한국은 63퍼센트로, 2016년 1월 OECD가 공개한 자료에서 성별 임금격차가 가장 큰 나라다.)

영국의 사례를 들면, '동일임금'은 1930년대 이후 노동조합들에 중요한 쟁점이었다. 한편으로 그것은 제1, 2차 세계대전 동안 군수산업 같은 '남성 직종'에서 일하게 된 여성들이 남성 임금의 절반 정도만 받는 것에 불만을 가진 데서 비롯했다. 다른 한편, 남성들도 이 문제에 여성 못지 않게 적극 나섰다. 여성의 낮은 임금이 자신들의 임금을 깎아내리거나 일자리를 빼앗을까 봐 두려웠기 때문이다. 특히, 제1차세계대전 당시 '노동희석'[숙련 노동에 미숙련 노동자를 투입해 노동조건이나 임금을 낮추는 것]에 맞선 투쟁은 숙련 노동자를 보호하려는 편협성도 일면 있었지만, 당시 직장[현장]위원 운동이 강력했던 덕분에 노동조건 악화를 저지하고 미숙련 노동자들의 노동조건도 개선할 수 있었다. 특히, 직장위원 운동이 강력했던 클라이드의 노동자협약은 여성들에게 임금인상과 노동조건 개선을 제공했다.

1970년 남성 임금의 63퍼센트(딱 현재 한국 수준)였던 영국 여성의 임금이 크게 오른 것은 1969~1975년 노동자 투쟁 고양기에 여성 노동자들이 동일임금 쟁취 투쟁을 벌인 덕분이었다. 당시 포드 재봉공들의 동일임금 파업을 비롯해 수많은 동일임금 파업이 벌어졌다. 이 투쟁은 3주 동안 포드 자동차 생산을 완전히 멈추면서, 여성 임금을 남성의 92퍼센트로 올렸다. 다른 동일임금 파업들도 남성 조합원들의 지지를 얻으면서 큰 성공을 거뒀다. 그리고 이런 투쟁의 결과 동일임금법이 만들어졌다.

지금 한국에서도 이런 투쟁의 교훈을 적용할 수 있다. 그것은 더 나은 처지의 노동자와 더 나쁜 처지의 노동자가 임금 차별에 맞서 단결해 싸운다면, 처지가 더 나쁜 노동자들의 조건을 대폭 개선하고 처지가 좀 더 나은 노동자들의 조건도 방어할 수 있다는 것이다. 러시아 혁명가인 알렉산드라 콜론타이는 제1회 러시아 노동조합 대회에서 연설하면서, 오늘날 한국의 많은 남성 노동자들에게도 해당할 내용을 담았다.

"계급의식적 노동자들은 남성 노동의 가치가 여성 노동의 가치에 달려 있다는 점을 이해해야 한다. 자본가들은 남성 노동자들을 저임금의 여성 노동자들로 교체하겠다고 협박함으로써 남성의 임금을 압박할 수 있다. 이 점을 이해하지 못했을 때만 동일임금 문제를 순전한 '여성 쟁점'으로 여길 것이다."

연대임금과 '스웨덴 모델'

민주노총은 '연대임금'을 '생활임금'과 함께 임금정책의 핵심 원칙으로 표방해 왔다. 그동안 민주노총이 채택한 차등인상 요구율과 동일금액 인상안(2013년 이후)은 하후상박을 통한 차별 해소 방안이다. 하후상박은 전체 노동자들의 조건을 개선하되 더 열악한 처지의 노동자 조건을 더 빠르게 개선하기 위한 바람직하고 필요한 방안이다. 투쟁이 고양될 때 흔히 노동자들은 처지가 더 나쁜 부문의 임금을 더 많이 올렸다. 가령 러시아에서 1917년 2월부터 5월에 이르는 파업의 결과로 숙련 노동자의 임금은 59 퍼센트, 미숙련 노동자의 임금은 1백25 퍼센트 인상됐다.

차등인상 요구율이나 동일금액 인상안은 (그것이 '바닥'을 끌어올린다는 명분으로 '천장'의 임금 인상을 억제하지만 않는다면) 노동자들의 처지를 전반적으로 개선하면서 격차를 완화하는 방안이 될 수 있다. 문제는 그것을 관철할 힘인데, 민주노총은 오랫동안 임금 투쟁 전선을 강력하게 끌어오지는 못했다.(이에 대해서는 뒤에서 다룰 것이다.)

노동운동 안에서(민주노총 산하노조들 포함) 논의되는 연대임금 방안이 이와 같은 괜찮은 하후상박에 그치는 것은 아니다. 대기업 정규직이 양보해야 한다고 적극 주장하는 흐름도 강력하다. 세부적 방식은 다양하지만, 대기업 정규직 노동자들이 임금인상을 자제해서 그 돈이 비정규직이나 하청 노동자들의 임금 개선에 사용되도록 하자는 것이다. 이것이 저임금 노동자들의 조건 개선을 위한 길이자 대기업·공공부문·정규직 조직노동자들이 '귀족'으로 몰려 고립되지 않을 수 있는 길이라고 한다.

그러나 이런 방안은 그동안 핵심적 반문에 부딪혀 왔다. 대기업 정규직이 양보를 하더라도 그것이 중소영세업체 비정규직의 임금인상으로 이어지게 하는 장치가 있느냐는 것이다. 가령 현대차 정규직 노동자들이 1인당 월 10만 원의 임금인상을 자제한다면, 정몽구는 그 돈을 회사 계좌에 넣을까, 아니면 사내하청 노동자들에게 줄까? 이런 상황에서 대기업 정규직의 임금 인상률 하락은 오히려 연관 중소업체 비정규직의 더한층의 임금인상률 하락으로 이어질 공산이 크다.(노동조합의 임금효과, 정규직과 비정규직 임금의 동반

등락 경향은 각각 1장과 2장에서 살펴봤다.)

안타깝게도, 이런 물음을 던지는 사람들이 모두 격차 해소를 위한 양보 자체를 반대하는 것은 아니다. 일부는 대기업 정규직의 양보가 중소기업 비정규직의 조건 개선으로 이어지도록 강제하고 확인할 수 있는 산별교섭 구조가 필요하다고 강조한다. 산별이나 중앙적·지역적 교섭 틀을 통해 임금격차 해소를 위한 대책을 추진할 수 있다는 것이다. 이런 사람들은 산별·중앙교섭을 통해 임금격차 해소를 추진한 독일과 특히 스웨덴 모델에 큰 관심을 갖는다.

스웨덴 연대임금 정책의 논의, 적용, 쇠퇴

스웨덴 연대임금 모델은 개별 기업의 지불 능력에 관계없이 노동자들 간의 임금격차를 줄이는 균등화 정책을 시행한 것으로 유명하다. 연대임금 정책이 추진된 것은 고용주연합(SAF)과의 중앙단체교섭이 이뤄진 1952년 이후였지만, 그 논의는 스웨덴 노총(LO) 내에서 꽤 오래 전부터 이뤄졌다.

제2차세계대전 이전의 연대임금 논의는 주로 산업간 임금격차 축소에 주된 관심을 기울였다. 문제가 된 것은 수출 부문과 내수 부문 사이의 격차였다. 세계경제 침체로 수출 부문이 어려움을 겪은 반면 내수 부문은 전투적 투쟁을 벌여(특히 건설노조) 높은 임금 인상을 성취했다. 금속노조 같은 수출 부문 노조는 스웨덴 기업의 국제경쟁력을 고려해 임금 인상을 자제하고 있었기 때문에, 건설노조 등의 높은 임금인상 쟁취가 곤혹스러웠다.

그러자 금속노조 지도자들은 수출 부문의 임금은 세계 시장 상황에 연동될 수밖에 없으므로 LO가 저임금층을 지원하는 임금 균등화 정책을 취해야 한다고 주장했다. 이것은 수출 산업의 경쟁력을 위해 그 부문 노조 지도자들이 임금을 자제한 대가를 다른 모든 노동자들이 나누자는 제안이었다. 또, 금속노조 지도자들은 건설 노동자들의 고임금이 물가 상승을 유발해 저임금 노동자들의 생활을 더 악화시킨다고 비판(잘못된 비판)하면서, 임금격차를 심화시키는 효과를 내는 임금 파업을 규제해야 한다고 주장했다. 실제로 LO는 산하 노조들의 임금 협상과 쟁의를 통제하는 조처들을 취해 나갔다.

제2차세계대전 이후의 연대임금 논의는 거시경제 안정화

에 좀 더 관심을 기울였다. 1940년대 말 사민당의 임금억제 정책이 노동자들의 큰 반발에 부딪히자, LO는 1951년 새로운 거시경제 운영 모델을 사민당에 제안했다. 이것이 렌-마이드너 모델로, 그 골자는 연대임금 정책에 긴축 재정정책과 적극적 노동시장 정책을 결합한 것이었다.

이 모델은 흔히 생각하는 케인스주의 정책과 달리, 재정 투여가 아니라 호황의 속도를 늦추는 데(즉, 긴축) 초점이 맞춰져 있었다. 그리고 인플레를 억제하기 위해 **정부와 노동조합이 임금을 적절하게 억제해야 한다는 것이 주된 내용**이었다. 연대임금은 노동자들의 임금격차 해소를 위해서뿐 아니라 기업 경쟁력 향상을 위해서도 필요한 것으로 여겨졌다. 이 과정에서 발생하는 실업 문제 해결에 정부가 적극 나서야 한다는 것을 전제로 말이다.

SAF와의 중앙교섭이 시작되기 전에 이미 LO는 고임금층의 임금인상 자제를 위한 임금 조정자 구실을 하기로 총회 (1951년)에서 결정했다. 이것은 그 전부터 추진돼 온 노사 관계의 중앙집권화, 노조 상층 관료기구의 통제력 강화와 맞물려 있었다. LO는 산하 노조들의 쟁의를 조정·규제하고, 임금 교섭에 대한 관여를 강화해 갔다.

스웨덴의 중앙교섭은 1952년 고용주 측(SAF)의 제안으로 시작됐다. SAF는 중앙교섭으로 임금인상 억제 효과를 기대했다. 앞에서 살펴본 LO의 움직임은 고용주들에게 신뢰를 줬을 것이다. LO는 중앙교섭에서 연대임금 정책을 관철했는데, 그것은 고임금 노동자들의 임금인상을 억제하고 저임금 노동자들의 임금을 인상하는 것이었다.

연대임금 정책은 1960년대에 어느 정도 임금격차 해소 효과를 냈지만 1970년대 중반 이후 위기에 부딪혔다. 스웨덴 모델이 추진되는 기간에 스웨덴 경제는 성장을 누렸고 실업도 낮게 유지됐다. 그러나 이것을 스웨덴 모델의 효과라고 보기는 어렵다. 이 시기에 다른 선진 자본주의 나라들도 대부분 생활수준 개선과 격차 축소, 완전고용을 경험했다. 스웨덴 모델도 전후 세계경제 호황이라는 배경 덕분에 가능했다. 이 점은 수출 주도 경제인 스웨덴에 특히 중요했다. 1940년대부터 1960년대까지 30년 동안 세계경제는 이윤율 저하 경향을 한동안 상쇄해 준 상시군비경제 덕분에 전례 없는 장기 호황을 누리고 있었다. 1970년대 중반 세계

경제 침체로 스웨덴 경제가 위기에 직면해 정작 빛을 발해야 할 순간에 스웨덴 모델은 작동하지 않았다. 그러자 사민당 정부는 1982년부터 시장 지향적인 개혁 조처들을 도입하기 시작했다.

연대임금 정책은 장기간 임금 억제를 유지했기 때문에 노동자들로부터도 불만을 샀다. 특히, 기업주들이 이윤 잔치를 누리는 동안 임금을 억제당한 고수익 부문 노동자들의 불만이 컸다. 저임금 부문으로서 연대임금 도입을 적극 주창했던 금속노조가 얄궂게도 고수익 부문으로 처지가 바뀌면서 소속 조합원들의 불만이 증대했다.

사실, 이런 불만과 산업·기업간 불균등 발전 때문에 연대임금 정책 하에서도 기업간 임금격차는 작지 않았다. 고수익 기업의 노동자들은 직장별 협상에서 표준협약 이상의 임금 수준을 얻었던 것이다. 이를 '임금 유동'(wage drift)이라고 부르는데, 이것은 다른 노동자들의 불만을 자극해 임금 유동을 누리지 못한 부문의 차기 임금교섭에 기준이 되는 관행이 생겼다. 이런 식으로 임금 상승이 촉진되면서 연대임금 정책의 전반적 임금 억제 효과가 사라지자, 고용주들은 더는 중앙단체교섭에 열의를 갖지 않았다. 1980년대 초부터 균열이 시작된 중앙교섭은 1990년 SAF가 이탈함으로써 붕괴했다.

스웨덴 연대임금의 난점과 한국에 주는 함의

스웨덴 연대임금 정책이 현재 한국에 적실성이 있는가 하는 문제를 다룰 때 최소한 세 가지 점에서 비판적 검토를 하지 않을 수 없다.

첫째, 고소득 노동자들의 임금 양보를 전제로 한 스웨덴의 연대임금 정책이 노동소득분배율이 점점 하락하고 있는 한국의 현실에서 노동자들이 처한 문제를 완화하는 대안이 될 수 있는가 하는 점이다.

앞에서 살펴봤듯이, 스웨덴 연대임금 정책은 임금격차를 줄이는 균등화 정책으로 잘 알려져 있지만 경제 안정과 국제 경쟁력을 위해 인플레를 잡으려는 임금억제 정책이기도 했다. 스웨덴 모델 전문가인 신정완 교수도 "연대임금 정책이 인금인상 억제 정책적 성격을 띠고 있었"다고 지적한다. "중앙단체교섭이나 산업별 단체교섭에서 합의된 임금수준이 기업들의 임금 지불 능력에 크게 못 미치는 수준에서 결정"됐다. "연대임금 정책은 노동자들 내부의 임금격차를 줄이는 효과를 냈지만, 노동과 자본 간의 기능적 소득분배의 측면에서는 노동 측의 임금소득 증가를 억제하는 성격을 띠고 있었[다.]" 또, "산업별 단체교섭에서 결정된 명목임금 상승률이 실질생산성 증가율에 크게 못 미쳤다."(신정완, 《임노동자기금 논쟁과 스웨덴 사회민주주의》)

이처럼 스웨덴 연대임금 정책이 노동소득분배 악화 효과를 냈고 이 과정에서 대기업들이 수혜를 입었다는 사실은 전혀 다른 상황, 즉 대자본의 몫이 늘고 노동자들의 몫이 줄고 있는 한국 현실에서 스웨덴 연대임금 정책이 노동자 계급의 진정한 대안이 될 수 없음을 보여 준다. 경제가 확장되는 동안은 노동소득이 상대적으로 줄어도 절대적으로는 늘어나면서 풍요를 누릴 수 있지만, 그렇지 못한 경제 위기 시기에 이런 정책은 노동자들에게 더한 고통을 강요할 수 있다.

연대임금 정책이 고소득 노동자들의 양보를 전제로 하지만 그 수준이 정해진 것은 아니며 대기업으로부터 더 많은 양보를 요구할 수 있는 것 아니냐는 반론이 있을 수 있다. 여기서 문제는 과연 그런 연대임금안을 고용주들이 수용하겠느냐는 것이다. 스웨덴 고용주들은 임금인상 억제 효과를 기대하며 중앙교섭을 시작했고, 그 효과가 떨어지자 미련을 버리고 이탈했다.

격차 축소와 임금의 전반적 상승을 동시에 이루려면, 특히 경제가 위기에 처한 오늘날 그러려면 한결같고 단호하게 자본을 압박하지 않으면 안 된다. 이를 위해서는 아래로부터의 대중 투쟁에 호소하는 길밖에 없다. 그러나 노동자간 격차 축소 문제를 주로 산별·중앙교섭의 제도화로만 연결짓는 관점은 이런 문제에 제대로 대처할 수 없다.

둘째, 연대임금 정책 추진에 동반된 노사관계의 중앙집권화와 노조 상층 관료기구의 통제력 강화가 과연 노동운동을 활성화하는 방향으로 작용했는가 하는 점이다. 스웨덴 모델에 주목하는 사람들은 중앙교섭이 이뤄지면서 스웨덴 노동조합의 힘이 막강해졌다고들 한다. 물론 높은 노동조합 조직률을 바탕으로 개혁 정책에 강한 영향을 미쳤다는 점에서 그런 측면이 있지만, 결코 이렇게만 일면적으로 볼 수 없다. 그 과정은 기층 노동자들의 투쟁을 단속하는 과정이기도 했다. 가령 전투적 파업으로 높은 임금인상을 쟁취했던 건설 노동자들의 투쟁은 '연대'를 위해 제약받아야 할 대상으로 취급됐다.

스웨덴 모델의 근간을 제공한 살쮀바덴 협약(1938년)은 LO와 SAF의 분쟁 조정 권한을 대폭 강화해 파업과 직장폐쇄를 억제하도록 했다. 이 협약은 건설노조가 10개월간 장기 파업을 하자 사민당 정부가 노동쟁의 문제를 해결하도록 LO와 SAF를 압박한 것이 계기가 돼 체결됐다. 이 협약 이후 그 전까지 매우 활발했던 스웨덴의 노동쟁의는 획기적으로 줄었다.

물론 기업을 넘어 더 큰 범위로 단결하는 게 노동자들에게 더 유리하고, 산별·중앙교섭은 기업별 노조 체계의 약점을 보완할 수도 있다. 그러나 이것이 자동적인 것은 아니다. 산별·중앙교섭이 작업장 단위 투쟁들과 양립하기보다 그에 대한 관료적 통제를 강화하면 기층 노동자들의 활력을 떨어뜨리는 역효과를 낼 수 있다.

이런 관료적 통제의 밑바탕에는 노동자들 자신의 투쟁이

아니라 노동조합 상층 지도부와 개혁주의 정당을 통해서 개혁을 이룰 수 있다는 생각이 깔려 있다. 개혁을 원한다면 스스로 싸우라고 고무하지는 않고 오히려 지도자에게 기대고 상층 교섭을 지지하라고 고무하는 개혁주의는 노동자들을 수동적으로 만들 수밖에 없다. 이와 같은 수동화는 스웨덴 노동자들이 오랫동안 겪어 온 문제점이다.

노동자간 격차를 좁혀야 연대를 이루고 노동계급이 강화될 수 있다는 문제의식에서 스웨덴 연대임금 정책에 주목하는 사람들이 많다. 그러나 스웨덴 모델의 추진이 노조 관료기구의 통제력 강화와 맞물리고 그 결과 노동자들이 수동화했다는 사실은 시사하는 바가 크다. 사실, 우리나라 노동운동 안에도 기층 노동자 투쟁은 기껏해야 협소한 부문의 이익을 위한 것일 뿐이므로 노조 상층기구나 개혁주의 정당을 통해 개혁을 이뤄야 한다는 생각이 널리 퍼져 있다. 노동자들 자신이 변화의 주체가 될 수 없다는 생각이다. 그러나 처지가 상대적으로 낮고 잘 조직된 노동자들의 투쟁을 이기적인 행위로 보고 자제하라고 하는 것은 격차 해소와 연대에 도움이 되기보다 전체 노동자들의 투쟁력 훼손과 수동화로 이어질 위험이 크다. 오히려 그런 노동자들의 투쟁의 힘이 작업장과 부문을 넘어 확산되도록 해야 한다.

셋째, 스웨덴 모델이 지금 같은 경제 위기 속에서 작동할 수 있는가 하는 점이다. 앞에서 썼듯이, 스웨덴 모델 덕분에 스웨덴이 전후 20~30년간 호황을 누린 게 아니라 거꾸로 세계적인 장기 호황 덕분에 완전 고용과 조건 개선이 가능했던 것이다. 즉, 스웨덴 자본주의가 발전된 복지국가를 용인할 수 있었던 것은 전후 세계 자본주의의 호황(상시군비 경제 덕분에 장기간 떨어지지 않고 유지된 이윤율) 덕분이었다. 이때 인플레 억제를 위한 임금인상 억제 정책은 스웨덴 기업들의 국제 경쟁력을 뒷받침했다.

그러나 1970년대 중반 세계경제 위기 그리고 자본주의의 세계적 통합 추세와 경쟁 격화 속에서 스웨덴 모델은 후퇴하기 시작했다. 스웨덴 사민당 정부는 1980년대 초부터 공공지출을 점점 삭감하고 시장 지향적인 개혁 조처들을 도입했다. 수출 의존이 큰 스웨덴 경제는 국제적 경쟁 압력에 취약했다.

일부 사람들은 스웨덴 모델이 지금도 작동하고 있고 복지와 성장이 대립하지 않는다는 것을 보여 준다고 강조한다. 물론 세계화 때문에 자본을 규제하는 정부 개입이 불가능해진 것은 아니다. 세계화 때문에 어떤 국가도 다국적기업에 도전할 수 없다는 견해는 틀렸다. 그러나 개혁 프로그램이 노동과 자본의 이해를 조화시키고 세계 자본주의 체제의 경쟁력 있는 일부로 살아남는 길을 추구하는 것이라면, 가망이 없다. 체제의 위기와 경쟁 격화 속에서 노동자들의 조건을 공격하는 것이 불가피하다는 자본의 논리에 점점 타협하게 될 것이기 때문이다. 이것이 바로 스웨덴 모델의 후퇴가 보여 준 길이다.

　지금 같은 경제 위기 시기에 자본주의의 원활한 작동과 노동자들의 필요를 조화시킬 수 있다는 생각에 따른 적당한 타협으로는 노동자들의 이익을 한결같이 지킬 수 없다. 괜찮은 임금과 복지를 위해서는 노동자들의 조건을 악화시키려는 정부와 기업주들의 공격에 한결같고 단호하게 반대해야 한다. 그것은 그들의 이윤 논리에 대한 도전도 마다하지 않는 급진적인 대중 행동을 통해서만 가능하다.

연대기금과 원하청 연대

산별·중앙교섭이 막혀 있어 스웨덴 연대임금 정책을 그대로 적용하기 어려운 조건임에도 그 취지를 살리려는 다양한 연대임금 방안들이 제안돼 왔다. 대표적으로 연대기금을 들 수 있는다. 연대기금은 2000년대 중반부터 민주노총과 산하 노조들에서 수차례 제안되고 실행됐다. 최근에는 2015년 SK하이닉스 노사의 '임금공유제' 합의와 2016년 김성락 금속노조 기아차지부장의 '나눔과 연대기금' 제안으로 다시 이목을 끌고 있다.

연대기금은 노동조합의 비정규직 투쟁 기금이나 조직화 기금과는 성격이 다르다. 그것은 노사가 공동으로 기금을 조성해 정규직과 비정규직의 임금과 복지 격차 해소를 위해 사용하자는 것이다. 여기서 핵심은 대기업·정규직 노동자가 임금(인상분)의 일부를 내놓아 비정규직·하청 노동자의 임금과 복지 향상을 위해 사용한다는 것이다. 이와 같은 대기업·정규직의 양보는 정부와 사측의 양보를 끌어낼 지렛대이자, 대기업·정규직 노조가 '사회적 고립'을 극복할 길이라고 한다.

SK하이닉스는 임금인상액의 10퍼센트를 노동자들이 내고 그에 상응하는 재원을 회사가 출연해 66억 원 규모의 재원을 조성했다. 그리고 이 돈을 협력업체 노동자들의 임금과 복지 개선에 쓰겠다고 한다. 기아차지부는 정규직 성과급 중 일부 금액을 모아 50억 원 규모의 기금을 조성하고, 사측에도 기금 출연을 요구하겠다고 한다. 이 기금을 원하청 노동자 격차를 줄이는 데 쓰겠다고 한다.

그러나 연대기금은 비정규직의 차별을 해소하기에 턱없이 부족하다. 가령 기아차지부의 '나눔과 연대기금' 제안은 2015년 말 사측이 성과급(주식 50주 300만 원 상당)을 정규직에게만 주고 비정규직에게는 지급하지 않으려 한 것이 발단이 됐다. 현대기아차 사측은 그동안 비정규직에게 정규직의 80퍼센트 수준으로나마 지급하던 성과급을 줄이려고 주식 지급이라는 꼼수를 사용하고 나선 것이다. 그러나 지부가 50억 원을 다 모은다 해도 다른 차별은 차치하고 새로 발생한 성과급 차별도 메울 수 없다는 게 분명하다.

이처럼 연대기금은 진정한 차별 해소에는 별 도움이 안

된 채 부차적인 지원으로 '마음을 달래는' 수준 이상이 되기 어렵다. 그런데 이것이 비록 상징적 수준이더라도 정규직과 비정규직의 연대 의식을 높이고 기업주들의 더 많은 양보를 압박·강제해 격차 해소에 되는 방향으로 작용할까? 결코 그렇지 않다는 데 진정한 문제가 있다.

연대기금론은 대기업 노사가 그동안 혜택을 독식한 만큼 그것을 사회에 환원해야 한다는 전제를 깔고 있다. 그러나 앞에서 대기업 노동소득분배율 등을 통해 살펴봤듯이, 배를 불려온 것은 기업 측이다. 그런 만큼 대기업들은 비정규직 차별을 해소하고 정규직화할 재원을 충분히 가지고 있다. 10대 대기업 비정규직을 전부 정규직으로 전환하고 연봉을 1천만 원 올린다면 4조 3천억 원이 소요된다고 한다. 그러나 이는 10대 대기업 사내유보금(522조원. 2013년)의 0.8 퍼센트에 불과하다.

이런 상황에서 연대기금은 기업 측이 푼돈 수준의 재원을 출연하고는 마치 비정규직 차별 해소에 힘쓰고 있는 양 생색내는 길이 될 수 있다. 물론 기업들은 이마저도 순순히 받아들이지 않으려 하지만, 연대기금 재원 출연은 결코 기업

측이 손해보는 게임이 아니다. 가령 기아차 사측이 지부의 연대기금 제안을 받아들인다 해도 비정규직에게 성과급을 지급하는 것보다는 훨씬 적은 돈만 쓰게 될 것이고, 그러면서도 정규직 노조 집행부를 만족시키고 사회적으로 칭찬받게 될 것이다. 기아차지부는 연대기금을 지역사회를 위해서도 쓰겠다고 했는데, 기업들은 이미지 제고를 위한 사회적 공헌을 마다하지 않는다

한편, 연대기금은 정규직 노동자들이 비정규직 문제에 책임이 있다는 이데올로기 공세에 취약하고 그 이데올로기를 강화하는 데 이용되기 쉽다. 비정규직 처우 개선에 정규직이 재원을 내놓는 것은 정부가 그토록 강조하는 노동시장 이중구조의 정규직 책임론을 부분 수용하는 것으로 보이기 때문이다. 그래서 노사정위는 SK하이닉스의 임금공유제를 적극 띄우면서 원하청 격차 해소를 위한 정규직 노동자들의 양보를 강조하는 데에 이용했다.

정규직 노동자들이 비정규직 문제에 책임 있다는 이간질을 퍼뜨리면서 정부가 얻어 내려 하는 것은 단지 비정규직 지원 기금 조성을 위한 푼돈만이 아니다. 정부는 정규직 노

동자들의 기존 '과보호'를 깨려 하고, 이에 맞선 저항을 고립시키려 한다. 그런데 정규직 양보론은 이런 공격에 직면해 무기력하다. 사실, 대기업 노동자들이 '독식해' 온 혜택을 나눠야 할 때라고 보면, 정규직 노동조건을 방어하거나 개선하려는 것을 염치없는 일로 보기 쉽고 '정규직 과보호'론을 앞세운 정부와 고용주들의 공격에 단호하게 맞서기도 어렵다.

연대기금 제안자들은 정규직 노동자들이 먼저 양보를 함으로써 대기업 노조가 기득권 세력으로 몰리는 상황을 극복하고 정부와 기업주들에 대항할 명분을 쌓을 수 있다고 주장한다. 그러나 이런 양보는 위에서 설명한 이유들 때문에 정부와 기업주의 양보를 끌어내는 지렛대로 작용하기보다 다른 정규직 노동자들의 더한층의 양보와 후퇴를 압박하는 것으로 이용될 수 있다. 정부와 기업주들은 일부 노동자들의 연대기금에 압력받아 양보를 하기는커녕 A대기업 노동자들은 비정규직을 위해 임금을 양보하는데 B대기업 노동자들은 '탐욕스럽게' 임금 인상을 요구하고 있다며 이간질할 것이다.

물론 많은 정규직 노동자들은 비정규직 노동자들의 차별 해소에 도움이 되고 싶은 마음에서 연대기금을 지지할 수 있다. 잘 조직된 대기업 정규직 노동자들이 자신의 이익만이 아니라 다른 노동자들과 차별받는 사회집단들의 이익에 관심을 기울이는 것은 옳고 필요한 일이다. 그러나 무엇이 효과적인 방법인지도 함께 따져봐야 한다. 비정규직 노동자들의 차별 해소를 위한 가장 효과적인 방법은 정규직과 비정규직의 투쟁의 연대다. 대기업 정규직 노조들은 비정규직·하청 노동자들과의 연대 투쟁으로 지불 능력이 있는 자기 기업주를 압박해 적잖은 양보를 얻어 낼 힘이 있다. 이 힘을 사용해야 한다.

반대로, 강력한 노조가 제 힘을 다 사용하지 않고 비정규직 연대를 중도 포기한 다음 연대기금을 추진하는 경우를 볼 수 있다. 가령 김성락 기아차지부장은 비정규직 차별 해소 요구가 포함된 2~4시간 파업을 며칠 하다가 사측이 다른 요구(현대차 수준의 인금인상 폭)를 수용하자 투쟁을 접고 임금 협상을 타결했다. 이 합의는 비정규직 노동자는 물론 많은 정규직 활동가들 사이에서도 큰 불만을 샀다. 그러므로 당시 비정규직 성과급 차별을 막는 가장 효과적인 방법은 '나눔과 연대기금' 조성이 아니라 투쟁 확대였다. 만약 기아차지부가 비정규직 성과급 차별 폐지 요구를 포함해 투쟁을 확대했다면 분명 전국 노동계급의 지지도 얻고 상당한 성과를 거뒀을 수 있다. 기아차지부 지도부가 불가피하지도 않은 후퇴를 한 뒤 '나눔과 연대기금' 제안을 꺼내든 것은 공장 안팎의 비난을 피하려는 용도로 보일 뿐이어서, 그것이 원하청 연대를 고무하는 효과를 내기를 어려울 것이다.

불공정거래와 저임금

마지막으로, 임금격차 축소 방안의 하나로 원하청 불공정거래 개선에 주목하는 입장을 언급할 만하다.(2장에서 원하청과 노동시장 이중구조 문제를 살펴봤으므로 여기서는 간단히만 다룰 것이다.) 원하청 구조를 다룬 연구들을 보면, 우리 나라 원하청 노동자 사이의 임금격차가 상당히 크고, 단가 인하 압력 같은 불공정거래가 하청 노동자들의 임금과 조건에 악영향을 미치는 것으로 나타난다. 그래서 불공정거래 근절과 이익공유제 등을 대안으로 요구하기도 한다.

그러나 설사 이런 조처가 이뤄진다 해도 자동으로 하청 노동자들의 처지가 개선될 수 있는 것은 아니다. 하청 기업의 조건 개선이 하청 노동자들에게까지 미치는 '낙수 효과'가 보장되지 않기 때문이다. 하청 기업이 단가 인하 압력이나 전속 거래 방식에서 벗어난다 해도 세계적 부품사로 거듭나기 위한 노력이 필요하다는 등의 이유로 노동자들에게 여전히 저임금이 강요될 수 있다.

원하청 불공정거래를 중심으로 문제를 보면, 주된 대립이 원청 대기업과 하청 중소기업 사이에 있고 원청 노동자와 하청 노동자는 각각 자기 기업주와 이해관계가 같은 것으로 보기 쉽다. 그러나 원청 대기업이 하청의 이익을 가로채고 피해를 전가하기도 하지만 둘의 관계가 대립되기만 하는 것은 결코 아니다. 둘은 대립하면서도 상호 보완적이고 의존적인 관계로(특히 노동자 착취 면에서 그렇다), 이 덕분에 하청 관계가 성립할 수 있다.

가령 하청 중소기업들의 영업이익률은 원청 대기업보다 낮지만 큰 등락 없이 안정을 이루고 있는데, 대기업이 하청 중소기업에 안정된 시장을 제공하고 있기 때문이다. 한국 자본주의는 대기업이 완제품을 조립해 수출하고 중소기업이 1차, 2차, 3차 하청이라는 지위와 역할로 대기업에 부품과 장비를 대는 방식으로 성장했다. 이처럼 위계적으로 조직돼 있는 착취 구조에서 원청 대기업이 상층을 차지할지라도 하청 중소기업들은 이 위계적 체제의 유지에 이해관계를 갖고 있다. 원청 대기업과 하청 중소기업은 서로 싸우지만 형제들로, 노동자를 효과적으로 착취하는 데 공통의 이해관계를 가진다.

이런 점을 보지 못한 채 원청 대기업과 하청 중소기업 사이의 이해관계가 대립되는 것으로만 보면, 하청 중소기업을 원청 대기업에 수탈당하는 비독점·비매판인 잠재적 진보 세력으로 착각할 수 있다. 이런 류의 민중(인민)주의는 한국 역사에서 재벌의 부패와 비리가 폭로되기 시작하던 1960년대 중반으로까지 거슬러 올라갈 수 있다. 반재벌 민중주의는 한국 자본주의의 메커니즘과 전개 과정을 적나라하게 들춰 낸다는 장점도 있지만, 핵심 문제점이 있는데 계급투쟁의 결정적 중요성을 흐린다는 것이다.

이것은 하청 기업주들이 하청 노동자들에게 저임금을 강요하는 것을 대기업의 횡포 탓에 어쩔 수 없는 것으로 여겨, 사실상 면죄부를 주는 것으로 나타날 수 있다. 다른 한편, 원청 노동자들의 임금인상(에 따른 원청 비용상승)이 하청에 전가돼 하청 노동자 저임금의 원인이 된다며 원청 노동자들의 임금인상 자제와 양보를 요구하는 것으로 나타날 수 있다.

독점 대기업(재벌)만이 문제라고 보면서 원하청 구조 개선이라는 자본의 과제에 노동자들의 이익을 종속시켜서는 안 된다. 오히려 원하청기업을 기업군(네트워크)으로 보고 원하청 노동자들이 단결해서 둘 모두의 조건을 개선하는 동시에 격차를 완화하기 위해 하후상박 원칙에 따라 투쟁해야 한다.

4장 투쟁 역학으로 보는
임금격차 축소와 연대

현재 노동조합 운동은 성과에 따라 임금체계를 개편하려는 정부와 고용주들의 공격에 직면해 있는 한편, 노동자 간 임금격차를 완화해야 한다는 문제도 안고 있다. 그래서 앞에서 살펴봤듯이, 임금체계 개선 방안이나 임금격차 해소 방안들이 다양하게 모색되고 있다. 노동조합 속 투사들과 사회주의자들은 어떻게 임금과 임금체계, 그리고 임금격차 문제를 다뤄야 할까?

마르크스와 임금

마르크스는 임금이 '노동력' 재생산에 필요한 재화들의

가치에 따라 정해진다고 했다. 뒤에서 다시 살펴보겠지만, 이것은 흔히 오해되듯이 생계비설을 주장한 것이 아니었다. 또, 임금이 (노동의) 성과가 아니라 생계비에 따라 정해지는 게 낫다는 의미도 아니었다.

마르크스는 자본가들이 노동자가 노동한 대가로 임금을 주는 것이 아니라는 것을 강조했다. 노동자가 노동해서 창조한 가치는 임금으로 받는 것보다 훨씬 크다. 이것은 매우 중요한 함의가 있다. 마르크스 당대에는 많은 경제학자들이 노동가치설(노동만이 가치를 창조한다)을 주장했지만 모호했고 일관되지 못했다. 그들은 노동자가 수행한 노동량을 '노동의 가치'라고 보기도 하고 노동자를 부양하는 데 필요한 노동량(임금)을 '노동의 가치'로 보기도 했다. 마르크스는 이 두 양이 결코 같지 않다고 강조하고, 두 개념을 명확하게 구분하기 위해 '노동력'이라는 용어를 도입했다.

노동력은 노동할 능력인데, 노동자가 먹고살기 위해 자본가에게 판매하는 것은 (노동이 아니라) 노동력이다. 그런데 노동력은 사람(노동자) 자체와 전혀 분리되지 않고 그의 능력으로만 존재하다가, 자본에 의해 가동될 때 비로소 현실화된다. 노동자를 고용(노동력을 구입)한 자본가는 그를 노동시키는데, 이를 통해 노동자는 자본가가 그의 노동력을 구매하면서 지불한 임금보다 더 많은 가치를 창조한다. 자본가는 노동자가 창조한 가치 중에서 임금을 뺀 나머지를 가져간다. 이것이 이윤의 원천이 되는 잉여가치다. 이 분석의 의의는 마르크스가 이윤의 원천이 자본의 노동 착취라는 사실을 밝혔다는 것이다.

주류 경제학자들이나 자본주의 체제 옹호자들은 이 주장을 끔찍하게 싫어한다. 그들은 노동세계에서 공정한 교환이 이뤄진다고 주장한다. 자유로운 계약을 통해 자본가는 임금을 주고 노동자는 노동을 제공하는 것이라고 말이다. 그러나 "자유롭고 공정한 교환"이라는 이데올로기는 자본가들만이 생산수단을 소유하는 근본적 불평등, 그리고 그 불평등을 점점 확대하는 원인인 나날이 지속되는 착취를 감출 뿐이다.

자본주의 사회에서 노동력이 다른 상품들과 마찬가지로 사고 팔리는 상품이라는 것은 전혀 비밀이 아니다. 사람들은 '학업을 마치고 노동시장에 편입된다'는 말을 흔히 한다. 그러나 노동력이라는 상품은 다른 상품들과 공통점도 있지만 차이점도 있다. 노동력이 여느 상품과 다른 특징은, 노동력을 사서 부리면 노동력 재생산에 필요한 노동량보다 더 많은 노동을 할 수 있다는 것이다. 이것이 바로 자본가들에게 결정적으로 중요하고 더없이 유용한, 노동력이라는 상품의 독특한 사용가치다.

노동력의 가치(즉, 임금 수준)가 어떻게 정해지는가 하는 점에서도 노동력은 여느 상품과 공통점도 있고 차이점도 있다. 노동력의 가치는 여느 상품과 마찬가지로 그것을 생산하는 데 필요한 사회적 노동량에 달려 있다. 임금은 적절한 의식주와 휴식 등 건강하게 일하는 데 필요한 것들과 양육을 하는 데 필요한 것들을 살 수 있을 정도는 돼야 한다. 또, 노동 능력을 발전시키고 일정한 기능을 습득하기 위한 교육과 훈련 비용도 고려해야 한다.

그런데 노동력이 여느 상품과 다른 점은, 자본가들이 그것을 구입했을 때 마주하는 것이 스스로 생각하고 행동하는 인간이라는 것이다. 노동자들은 대부분 자기 임금이 입에 풀칠할 정도의 최저 생계비면 된다고 보아 자본가의 의지를 그저 공손하게 받아들이지는 않는다. 사회에 있는 어머어마한 부를 보면서 노동자들은 자신이 더 나은 생활수준을 누릴 자격이 있다고 생각하고, 노동력 가격을 둘러싼 끊임없는 투쟁에 나선다.

마르크스도 노동력의 가치를 결정하는 요인이 최저 생계 수준뿐이 아니라며 "역사적 또는 사회적 요소"를 지적했다. "[노동력의 가치는] 이런 육체적인 요소 외에도 각 나라의 전통적인 생활수준에 의해 결정된다. 이 수준에는 단순한 육체적 생활의 욕망 충족뿐 아니라 사람들이 생존하고 또 양육되는 그 사회의 조건으로 말미암아 발생하는 그런 욕망의 충족도 포함된다. … 이 역사적 또는 사회적 요소는 확대되거나 축소될 수도 있고 나아가서는 육체적 한계 이외에는 아무것도 남지 않을 만큼 완전히 소멸될 수도 있다." '그사회의 조건으로 말미암아 발생하는 욕망'이 충족되지 않을 때 노동자들은 다양한 방법으로 지속적으로 투쟁하는데, 이런 투쟁의 누적 효과는 노동력의 가치에 영향을 미칠 수 있었다.

마르크스는 종종 오해되는 것과 달리, 임금이 생존에 필요한 최저 수준 이상으로 오를 수 없다는 '임금 철칙'의 옹호자가 결코 아니었다. 마르크스는 임금 철칙에 근거해 노동조합 운동이 노동자들의 생활수준에 무익하거나 해롭다고 주장한 존 웨스턴(공상적 사회주의자인 로버트 오언의 추종자)을 철저하게 비판했다(《임금, 가격, 이윤》). 결국 임금 수준은 투쟁 당사자들(자본과 노동)의 상대적 힘의 문제로 귀착된다는 것이 마르크스의 생각이었다.

　그러나 자본주의 임금제도 하에서 노동자들이 임금을 아무리 인상시키더라도 노동력 재생산에 필요한 시간보다 더 오래 일해야 한다는 데는(즉, 착취) 변함이 없다. 마르크스는 〈고타강령 초안 비판〉에서 임금이 최저수준을 넘어설 수 없는 게 문제인 것이 아니라며 이렇게 썼다. "[임금제도는] 노동자가 수령하는 지불금이 **좋건 나쁘건** 간에 사회적 노동생산력이 발전하는 것과 같은 정도로 더욱더 가혹해지는 노예제도이다." 그래서 마르크스는 노동자들이 "공정한 노동에 공정한 임금을"이라는 보수적 구호 대신에 "임금제도 철폐"라는 혁명적 구호를 자신의 깃발에 써넣어야만 한다고 주장했다.

그렇다고 해서 마르크스가 임금 투쟁을 경시하는 입장을 취한 것은 결코 아니다. 임금을 위해 투쟁하는 노동자들을 '경제주의적'이고 '부문주의적'이라고 여기며 업신여기는 초좌파주의는 진정한 마르크스주의 전통과 아무 관계가 없다. 마르크스는 "현 제도에서는 사태가 이러한 경향[현대 산업이 발전함에 따라 저울대가 점점 더 자본가에게 기우는]을 가진다고 해서, 노동계급이 자본의 약탈적 침해와의 투쟁을 포기하고 처지의 일시적 개선을 위해 그때 그때의 기회를 최대한 이용하려는 시도를 포기해야 한다는 것을 의미하는가?" 하고 묻고는 다음과 같이 답했다. "만약 노동자들이 그렇게 행동한다면 그들은 이미 구제할 도리 없는 패잔병의 무리로 타락하고 말 것이다. … 만약 노동자가 자본과의 일상 투쟁에서 비겁하게 굴복한다면 그들이 그 어떤 한층 더 광범한 운동을 일으킬 자격을 잃어버리게 될 것임에 틀림없다."

요컨대 마르크스는 임금제도 자체를 철폐해야 하지만 노동자들은 임금을 둘러싼 자본과의 불가피한 유격전 속에서 근본적 사회변혁으로 나아갈 수 있는 의식과 조직 발전을 이룰 수 있다고 봤다.

임금체계 개편을 둘러싼 논란

외관상 임금은 마치 노동의 대가처럼 보이므로 착취를 은 폐한다. 임금 형태는 노동일이 필요노동(노동력을 재생산하는 데 필요한 노동량)과 잉여노동, 유급 노동과 무보수 노동으로 나뉜다는 것을 전혀 알아보지 못하게 한다. 가령 농노는 사흘은 자기 농지에서 자신을 위해 일하고 사흘은 영주의 영지에서 무상으로 일하기 때문에 시간적으로나 공간적으로나 유급 부분과 무보수 부분이 명확하게 구별되지만, 자본주의 임금 제도에서는 그렇지 못하다. 계약을 맺고 임금이 후불로 지불되는 것도 임노동 거래의 본성을 가리는데 일조한다.

자본가들은 노동의 대가를 지불한다는 외관을 전제로, 임금 지불 방식의 변화를 이용해 착취의 증대를 꾀한다. 가령 시간급 임금 하에서 고용주는 노동자에게 생존 유지에 필요한 노동시간조차 보장하지 않고도 잉여노동을 짜낼 수 있다. 고용주는 일감이 없을 때 단시간만 일하는 노동자들이 최저 생계 수준도 벌지 못하는 것을 책임지지 않아도 되고, 일감이 많을 때 노동자들을 과도한 노동으로 내몰 수 있다. 낮은 시간당 임금은 노동시간 연장을 자극하지만, 오래 일한 만큼 많이 주는 공정한 게임처럼 보인다. 또, 성과급 임금 하에서 고용주는 노동 가격이 생산자의 업무 수행 능력에 따라 결정되는 것처럼 보이게 만들어, 노동자 개개인을 더 열심히 더 집중적으로 일하도록 몰아갈 수 있다. 그 결과 성과급은 표준 노동강도 강화, 노동일 연장, 임금 인하를 위한 지렛대로 작용한다.

지금 한국 지배자들이 임금체계 개편을 추진하는 것도 바로 착취율을 높여 이윤을 증대시키기 위해서다. 정부는 나이나 근속 같은 인적 속성이 아니라 직무나 성과에 따라 임금을 지급하는 게 더 합리적이고 공정하다는 것을 내세운다. 더 고약한 것은 임금체계 개편이 청년, 여성, 비정규직을 위한 것처럼 말하는 것이다. 그러나 임금체계를 변화시켜 그들이 얻고자 하는 핵심 효과는 한국 노동자들의 임금 수준을 억제하는 것이다. 고용노동부는 임금체계 개편 매뉴얼(2014)에서 다음과 같이 노골적으로 불평했다. "현행 임금체계는 … 기업의 경영환경이나 성과와 상관없이 임금이 자동 상승하게 된다. 이는 기업의 부담 가중 및 경쟁력 약화로 이어진다."

따라서 이 문제에 대응하는 노동운동의 출발점은 임금피크제와 성과연봉제 확대 등 임금체계 개편을 단호하게 저지하는 것이어야 한다. 노동운동 일각에서는 저지 투쟁은 대기업·공공부문·정규직 조직 노동자들의 고립을 낳을 뿐이라는 회의론을 펴며 이른바 '대안 제시'가 중요하다고 한다. 그러나 이런 태도는 투쟁을 약화시키고 노동자들의 조건 악화를 방임하는 결과를 낳을 뿐이다.

임금체계 개편을 막아야 한다는 것이 기존 임금체계가 이상적이어서는 아니다. 노동자들의 임금 수준을 지키기 위해서다. 이것이 가장 중요한 잣대다. 어떤 임금체계도 그 자체로 노동자들에게 항구적으로 유리하다고 말할 수는 없다. 가령 연공급제는 노동자들의 평균 연령이 낮았던 시절 고용주들에게 유리한 제도였다. 그들은 저임금을 강요하고 승진과 미래 보장을 미끼로 노동자들의 충성을 얻어 낼 수 있었다. 그러나 노동자들이 투쟁을 통해 여기에 변형을 가했다. 초임을 대폭 인상했고 인사고과를 무력화하는(근속 승진)

경우도 적잖았다. 그러자 자본가들은 임금을 억제하고 노동 통제력을 회복할 수 있는 다른 임금체계를 모색하기 시작했다.

노동자들의 임금 수준을 지키기 위한 기본 원칙은 기존의 성과들을 방어하고, 임금을 기업의 환경이나 성과에 연동시키는 것을 막고, 기본급의 비중과 수준을 올리는 것 등이다. 가령 많은 노동자들이 낮은 시급을 메우려고 노동시간 연장으로 생활비를 충당하고 있다. 이런 장시간 노동의 고통은 물량 축소 시 단시간 노동에 따른 저임금의 고통으로 순식간에 바뀔 수 있다. 고용주들은 눈앞의 이익을 위해 "혹독한 과도 노동과 상대적·절대적 작업 중단을 교차"(마르크스)시킬 수 있기 때문이다. 여기에 성과급이라는 요소가 도입되거나 강화되면 임금의 불안정성이 더 커질 뿐 아니라, 노동자들 개개인의 임금이 오르는 듯한 착각 속에서 임금의 평균 수준을 저하시키는 효과를 낼 수 있다.

이와 같은 원칙들은 서로 대립되는 게 아니라 결합돼야 한다. 정부와 고용주들은 기존 임금체계에 대한 노동자들의 불만을 조삼모사 식으로 이용해 다른 개악을 추진하는 데 악용하려 한다. 가령 그들은 임금구성을 단순화하고 기본급을 올려야 한다는 명분을 대며 일부 수당을 없애려 한다. 이럴 때 우리 측이 '임금 총액에 연연하기보다 임금의 안정성을 택해야 한다'고 본다면 임금 수준을 지키지 못할 것이다. 비슷한 문제가 노동시간 단축에서도 나타날 수 있다. 노동운동 안에는 노동시간 단축을 위해 임금 삭감을 감수해야 한다는 의견이 있다. 그러나 저임금은 노동시간 연장의 자극제라는 점에서 이런 거짓 딜레마는 노동시간 단축도 불안정하게 만들 뿐이다.

임금 방어와 격차 완화의 동력

그러면, 노동자들의 임금을 지키는 효과적인 수단은 무엇인가? 그것은 바로 노동자들 자신의 투쟁이다. 노동조합 속 투사들과 사회주의자들은 노동자들 스스로 투쟁에 나서도록 고무하고 지원하는 것에 중심을 둬야 한다.

이 당연한 듯한 얘기를 강조하는 이유는 첫째, 조직 노동자들의 조건 방어 투쟁에 냉소적인 분위기가 투쟁을 약화시키는 효과를 내기 때문이다. 둘째, 비정규직 노동자는 스스로 싸울 역량이 없어 누군가 대리해 줘야 한다는 생각이 광범하기 때문이다. 셋째, 앞의 두 가지의 귀결로서 안정적이고 괜찮은 수준의 임금과 격차 해소를 보장하는 임금체계와 제도 마련이 대안이라고 보는 견해가 넓게 퍼져 있기 때문이다. 이는 노동자들 자신의 투쟁은 비효율적이고 심지어 일부 투쟁은 해롭다고까지 보면서 상층 지도부가(노동조합이든 개혁주의 정당이든) 개혁을 주도해야 한다고 보는 관점과 맞물려 있다.

그러나 어떤 임금체계도 노동자들에게 괜찮은 수준의 임금이나 평등임금을 지속적으로 보장하지는 못한다. 마르크스는 온건한 개혁가들을 이렇게 비판했다. "파업을 '노동자 자신'의 이익에 유해한 것으로 간주하면서, 자신들의 위대한 목적이 영구적 평균임금을 확보하는 방법을 발견하는 것에 있다고 보는 일단의 박애주의자와 심지어 일단의 사회주의자가 있다." 그러나 "다양한 국면들로 이뤄지는 산업순환의 현실을 감안할 때, 그와 같은 평균임금이라는 개념은 말도 되지 않는다."

자본주의의 풍토병인 경기순환의 침체-번영-과열-공황 국면은 명목과 실질 모두에서 임금의 등락을 낳게 마련이다. 어떤 임금체계도 이로부터 자유로울 수 없고 따라서 노동자들을 보호할 수 없다. 고용주들은 이런 변동에서 유리한 기회를 놓치지 않고자 노동자들을 기만하고 피해를 전가하려 할 것이다. 물가 인상이나 절대적·상대적 임금 하락에 맞서 노동자들이 투쟁에 나설 때만 임금과 생활조건을 지킬 수 있다.

　　그리고 마르크스는 이런 "항상적 전쟁" 속에서만 노동자들이 노예와는 다른 존재가 될 수 있다고 강조했다. "정반대로 나는 임금의 상승과 하락의 교대, 그리고 그에 기인한 고용주와 노동자들 간의 지속적 갈등은, 산업의 현재 조직에서 노동계급의 정신을 지탱해 주고, 노동자들을 지배계급의 침탈에 대항하는 하나의 거대한 연합으로 단결시키며, 노동자들이 무감각하고 아무 생각 없는 잘 먹인 생산도구가 되는 것을 방지해 주는 필수불가결한 수단이라고 확신한다. … 우리는 그[파업과 결사] 경제적 결과들이 겉보기에 하찮다고 해서 그것들에 눈감아서는 안 되며, 무엇보다도 그 도덕적·정치적 결과를 고려해야 한다."

임금격차 문제도 이와 비슷하게 볼 수 있다. 자본주의 사회에서 제도 개혁을 통해 평등 임금을 보장할 수는 없다. 노동력도 상품으로 거래되는 임금제도 하에서 노동력의 가치는 다른 모든 상품의 가치와 동일한 방식으로 결정되기 때문에, 생산비가 다른 상이한 종류의 노동력은 노동시장에서 상이한 가격이 지불된다. 그래서 마르크스는 자본주의 체제 하에서 임금 평등을 요구하는 것은 허망한 소망으로, 천박한 급진주의의 산물이라고 비판했다.

이것은 마르크스가 임금 평등을 원하지 않았다는 뜻이 아니라, 임금제도를 철폐하지 않고는 임금 평등을 이룰 수 없다는 것이었다. "임금제도의 기초 위에서 평등한 보수 또는 적어도 공정한 보수를 요구한다는 것은 노예제도의 기초 위에서 자유를 요구하는 것과 마찬가지다." 사실, 평등의 관점에서 보자면, '평등 임금'이라는 것도 충분히 평등한 것은 못 된다. 부양 가족이나 장애 등 개인의 차이가 있을 수 있기 때문이다. 그래서 마르크스는 '필요의 원칙'(각자의 능력에 따라 일하고 각자의 필요에 따라 분배하는)을 제시했다. 물론 이것은 새로운 원리에 따라 조직되는 발전한 사회주의 사회에서나 가능한 것이다.

그러나 격차를 해소한 다음에야 노동자들이 연대를 이룰 수 있다는 흔한 오해와는 달리, 노동자들은 자본주의가 강요한 분할에도 불구하고 투쟁을 통해 연대를 확대할 수 있음을 거듭 보여 줬다. 그리고 이 연대 확대야말로 노동자 내부의 격차를 완화할 수 있는 동력이다. 연대의 전제조건이 격차 해소라면서 평등 임금 또는 임금 균등화를 위한 임금 체계와 제도를 위로부터 부과해야 한다는 보는 관점은 바로 이 점에서 큰 난점이 있다. 이들은 흔히 임금 균등화를 위해, 가장 잘 조직돼 있는 부분이기 쉬운 상대적 고임금 부문을 억제해야 한다고 본다. 이것은 노동자 내부의 격차를 완화할 수 있는 동력을 오히려 약화시킨다는 딜레마에 부딪힌다.

3장(연대임금과 '스웨덴 모델' 도입부)에서 지적했듯이 임금 격차 완화를 지향하는 산별·중앙 차원의 하후상박 임금안은 의미가 있다. 그러나 그것은 개별 기업 노동자들의 투쟁, 특히 임금 수준이 높고 잘 조직된 노동자들의 투쟁과 대립적인 관계인 것은 결코 아니다. 둘을 대립적 관계로 인식하는 한 임금격차 완화를 추진할 동력을 찾을 수 없을 것이다.

역사적으로 보면, 자본주의 사회에서 노동자들의 임금이 올라가는 방법은 꽤 단순했다. 가장 강력한 산업, 숙련 부문의 잘 조직된 노동자들이 강한 협상력을 바탕으로 임금 인상을 얻는다. 그러면 노동계급의 나머지 부문들이 잘 조직된 부문과 자신의 임금 수준을 비교하며 그 수준을 따라가고자 애쓴다. 이것은 비단 같은 산업부문에서만 일어나는 일은 아니다. 가령 제조업 노동자들이 강력한 투쟁으로 높은 임금 인상을 쟁취하면 화이트칼라 노동자들이 큰 자극을 받고 상대적 임금 수준을 회복하고자 한다. 이것이 1987년 대파업 이후 우리 나라에서 벌어진 일이다. 이런 과정을 통해 노동자들의 전반적 임금 수준이 정해진다.

물론 특정 시점을 보면 한 부문의 노동자들이 임금 인상을 쟁취했을 때 나머지 노동자 부문과의 격차가 순간적으로 더 벌어질 수 있다. 그러나 추세적으로 보면 노동자들의 임금은 같은 방향으로 움직이며 격차를 좁힌다. 한 부문이 상승하면 다른 부문도 상승하고, 한 부문이 멈추면 다른 부문도 멈춘다. 이 추세를 이끄는 것은 흔히 잘 조직된 부문이다. 이런 부문이 승리를 거두면 상대적으로 열악한 처지의 노동자 부문을 고무해 투쟁에 나설 자신감을 주게 된다. 바로 이것이 임금격차 축소의 역학이라고 할 수 있다. 그리고 거꾸로 이런 부문의 전진은 기존 조직 노동자 운동을 크게 자극하고 쇄신하는 계기가 될 수 있다.

노동조합 속 투사와 사회주의자들의 과제

그러나 이런 추세나 역학이 자연스럽게 눈에 보이는 것은 아니기 때문에, 한 부문의 임금 인상 투쟁은 그 성패가 다른 부문에 큰 영향을 미치는데도 흔히 그들만의 투쟁으로 보이기 쉽다. 특히 노동자들의 전반적인 투쟁 수준이 높지 않고, 경제 상황과 정치적·이데올로기적 지형이 좋지 않을 때 더 그럴 수 있다. 게다가 정부와 기업주는 상호 상승작용을 저지하고자 끊임없는 이간질을 시도한다.

이럴 때 노동운동 투사들과 사회주의자들의 대응이 중요하다. 그 기본 방향은 한 부문의 투쟁의 승리가 연대와 투쟁의 확산으로 이어지도록 하는 것이어야 한다. 그러나 안타깝게도 최근 노동운동 좌파들의 흔한 대응은 파편화가 문제라면서도 파편화에 진정으로 도전하지 않는 것이다. 이것은 주로 잘 조직된 부문이 잘 싸워 봤자 격차만 늘린다는 냉소와 맞물려, 개별 기업의 임금과 노동조건 투쟁을 철저히 그들만의 일로 방치하는 것으로 나타난다.

매우 최근 사례만 꼽아 봐도 공무원연금 개악(이것은 미래 임금의 문제다), 공공부문 정상화와 성과연봉제, 현대중공업 임금투쟁, 현대차 주간연속 2교대 투쟁, 금호타이어 임금피크제 저지 파업 등등이 있다. '그들만의 투쟁'으로 방치하는 것의 효과는 여러 면에서 부정적이다. 지지받지 못하고 고립돼 성과를 제대로 거두기 어렵거나, 성과를 거두더라도 역시 '남의 일'로 여겨진다. 또, 해당 기업이나 부문의 노조 지도자들이 '남'의 참견 없이 투쟁을 적당히 타협하기도 수월하다. 기업별 노조 체계는 연대를 하지 못하는 원인이라기보다는 지도자들이 연대를 진지하게 구축하지 않고 내세우는 변명인 경우가 허다하다. 이런 경험은 파편화를 더욱 강화한다.

주로 기업별로 투쟁하고 성과를 거둬 온 경험이 운동에 파편화 영향을 미치는 것은 어느 정도 사실이다. 그러나 다행히 파편화의 압력만 존재하는 것은 아니다. 기업이 점점 거대화되고 네트워크화하면서 서로 다른 공장이나 지역의 노동자들이 함께 싸울 수 있는 기반이 넓어지고 있다. 또, 경제 위기가 심화하면서 정부와 고용주들은 노동자들에 대한 일반적인 공세를 가하고 있다. 정규직 노동자들의 '과보호'를 제거하겠다고 하는 동시에, 파견 노동자와 단시간 노동자를 확대하려 한다. 임금을 낮추려 하고, 노동시간 유연성을 강화하고, 공공부문을 공격하고, 기업 구조조정으로 해고의 칼을 휘두르려 한다. 노동조합 권리를 공격한다. 이처럼, 경제 불황기에 정부와 고용주의 공격은 특정 부문에 한정되지 않고 있다.

이런 조건은 연대가 확대되고 투쟁이 정치화할 가능성을 제공한다. 그러나 자동적으로 그렇게 되는 것은 아니다. 가령 통상임금 문제는 이런 기회가 될 수도 있었지만 그러지 못했다. 한편으로, '통상임금 건으로 덕을 보는 건 대기업 정규직뿐'이라는 냉소와 다른 한편으로, 개별 기업에 대한 소송으로 끌고 가려는 해당 노조 지도자들의 제한적 대응이 맞물려, 폭발력이 컸던 이 쟁점은 정치색이 빠진 개별 기업 문제로 유순하게 다뤄졌다.

그러자 일각에서 '역시 대기업 정규직 노동자들은 구제 불능이 됐다'는 얘기가 나왔다. 그러나 원인을 분명히 짚어야 한다. 그저 '정규직은 맛이 갔고, 노동운동의 주체를 바꿔야 한다'는 자신의 기존 주장에 아전인수 격 '근거' 대기를 해서는 안 된다. 오히려 '대기업 정규직 돈잔치를 편들어 주고 싶지 않다'는 노동운동 일각의 잘못된 태도도 문제의 일부로 작용했음을 돌아봐야 한다. 2015년 4·24 총파업 등 노동개악에 맞선 투쟁에 대해서도 일각에서 비슷한 평가를 내놨지만 다행히도 큰 설득력을 얻지 못했다. 오히려 2015년 투쟁은 가능성과 잠재력을 보여 줬기 때문이다. 처지가 조금 더 낫고 더 잘 조직된 노동자들은 '노동개혁' 공격에 무관심하지 않았고, 높은 총파업 찬성률로 투쟁 의지도 보여 줬다. 비록 그 지도자들이 조합원들의 뜻에 못 미치는 수준으로 행동하거나 심지어 거슬렀지만 말이다.

현재 노동운동이 처해 있는 문제를 극복하고 가능성과

잠재력을 발휘하는 데서 노동조합 속 투사들과 사회주의자들의 구실이 중요하다. 전체 노동자들의 임금 수준을 방어하고 격차 축소 방향으로 나아가려면, 잘 조직된 부문의 임금과 조건 방어에 사용되는 힘이 전체 투쟁을 위해서도 사용되도록 해야 한다. 이를 위해 다음과 같은 일들이 필수적이다.

첫째, 잘 조직된 부문의 임금과 조건 방어 투쟁을 지지하고 연대를 건설하기 위해 노력해야 한다. 이런 투쟁이 다른 노동자들의 응원 속에 성과를 거두면, 다른 노동자 부문의 투쟁을 고무할 수 있다.

이를 위해서는 이들의 임금 투쟁이 격차를 벌리는 효과를 내기는커녕 전체 노동자들의 조건을 지키는 데서 중요하다는 점을 이해하는 게 중요하다. 그래야 잘 조직된 부문의 자신감을 높이고 다른 부문의 지지를 얻을 수 있다. 또, 정부와 고용주들이 전체 임금소득 몫을 줄인 채 노동자들끼리 나누기를 강요하는 지금, 정규직 양보론은 결국 지배계급에 대한 양보에 불과하게 된다는 점도 이해해야 한다. 불필요한 양보는 연대가 아니라 분열만 낳을 뿐이다. 그리고 이런 모든 일들은 노동조합 지도부가 여러 이유를 핑계로 대며 투쟁을 흐지부지하려 할 때 그들로부터 독립적인 대안을 구축하는 것과 떨어질 수 없다.

둘째, 잘 조직된 부문의 노동자들이 자신의 힘을 비정규직, 여성, 이주노동자들의 처지 개선을 위해서도 사용하도록 설득해야 한다. 이것은 열악한 처지의 노동자들이 스스로 투쟁에 나설 수 있도록 돕고 연대를 확대하는 데 매우 필요한 일이다. 특히 정규직 노동자들이 같은 기업이나 산업에서 일하는 비정규직과 연대하는 것이 결정적으로 중요하다.

이를 위해 비정규직·여성·이주 노동자들에게 정규직·남성·내국인 노동자와 동일한 임금과 권리를 제공하는 것이 모두에게 이익이라는 점을 설득하는 것이 중요하다. 가령 건설 노동자들이 이주노동자들을 환영하고, 노조에 가입시키고, 그들의 조건 개선을 지지해야 한다. 많은 건설 노동자들은 이주노동자들이 임금을 하락시키는 요인이 될까 봐 걱정한다. 그러나 그런 일은 불가피한 것이 아니다. 마르크스는 실업 문제를 다루며 이렇게 주장했다. "노동자들은 실업자와 취업자 사이의 협력을 위해 조직해야 한다. 그래야 자본주의 생산의 자연법칙이 노동계급에게 미치는 파괴적 영향을 분쇄하거나 약화시킬 수 있다." 이것은 비정규직, 여성, 이주노동자 문제에 똑같이 적용될 수 있다. '자연법칙'의 파괴적 영향을 받을지 그것을 약화시킬지는 우리 편의 투쟁력과 조직력이 충분히 강력한가에 달려 있다. 단결한 노동자들은 모두를 위한 더 나은 조건을 쟁취할 수 있다. 노동조합 속 투사와 사회주의자들은 연대를 확산·심화시키는 데 최선의 노력을 기울여야 한다.

셋째, 잘 조직된 부문의 노동자들이 정부의 노동개악과 구조조정 등을 저지하는 투쟁에도 나설 수 있도록 설득해야 한다. 노동개악은 대기업·공공부문·정규직 노동자를 겨냥하는 한편, 비정규직과 실업자들에게도 더 열악한 처지를 강요하고 있다. 특히 개별 단협으로 조건을 방어하기 어려운 미조직 노동자들은 정부의 노동개악에 더 취약할 수밖에 없다. 잘 조직된 노동자들이 이런 문제를 외면하고 노동개악 쟁점들을 개별 기업의 단협으로 저지할 수 있다고 여기는 것은 협소한 시각일 뿐이다. 구조조정 문제도 마찬가지다.

무엇보다, 임금 공격을 포함한 노동개악은 단지 경제적 투쟁이 아니다. (구조조정 반대 투쟁도 마찬가지다.) 그것은 노동개악을 추진하는 정부에 대한 정치적 투쟁일 수밖에 없다. 그 투쟁이 더 일관되고 심화되려면 친자본주의 정당인 더민주당이나 국민의당도 공유하고 있는 신자유주의를 반대하고 그것이 아닌 진정한 대안을 제시하는 것이 중요하다.

정부와 사용자들은
왜 임금체계를 개편하려 하는가?

박설(《노동자 연대》 노동담당 기자)

박근혜 정부가 추진하는 노동개악의 핵심 하나는 임금 삭감이다. 정부와 사용자들은 가까이 보면 통상임금·정년 연장 문제가 본격적으로 불거진 2014년부터 공격에 팔을 걷어붙였다. 2013년 말 통상임금에 관한 대법원 전원합의체 판결에서 시작해 2015년 공무원연금 개악과 공공기관 임금 피크제 도입, 그리고 올해 1월 임금 삭감과 쉬운 해고를 위한 행정지침 발표 강행까지.

분명 정부는 집요하게 공격을 관철하려 했지만, 정부가 원하는 만큼 성과를 거둔 것은 아니다. 지난해 민주노총 소속 노동자들은 노동개악에 맞서 4·24, 9·23 파업을 벌이고 하반기 총궐기에 나서는 등 상당한 저항을 했다. 물론 노조 지도자들의 소심하고 자기제한적인 대처로 파업이 더 전진하지는 못했지만 말이다.

더구나 노동자 주요 부문의 조직력이 건재한 상황에서, 법적 강제력이 없는 행정지침만으로 공격을 관철하는 것도 쉽지는 않다. 지금 정부와 사용자들은 임금피크제 도입, 임금체계 개편을 위한 행정지침을 현장에 적용해야 하는 숙제를 안고 있다.

이 과업을 달성하기 위해 박근혜가 우선 타깃으로 삼은 곳은 공공기관과 금융 공기업들이다. 지금 일부 사업장에서는 불법적으로 개별 노동자들의 동의서를 강요하고, 직원들을 줄 세워 협박하고, 노조 위원장을 감금하는 일까지 벌어지고 있다. 박근혜는 자기 '안방'에서 성과연봉제를 관철해 민간부문으로 확대하려고 필사적이다.

민간부문에서도 만만찮은 공격이 예고되고 있다. 현대차 사측은 '임금피크제, 임금 동결 없이 올해 교섭 마무리는 없다'고 으름장을 놨고, 신입사원들의 임금체계를 개편하겠다는 의사를 드러냈다. 정부가 올해 3백인 미만 민간 사업장들에까지 임금피크제를 확대하겠다고 밝힌 것을 보면, 공격의 칼날이 대기업 정규직에만 향하고 있는 것은 아니다.

정부와 사용자들이 이처럼 집요하게 공격을 추진하는 이유는 세계경제 위기로 기업의 이윤이 위협받고 있기 때문이다. 중국의 경기 침체 속에서 한국 경제도 크게 압박받는 상황은 지배자들에게 상당한 걱정거리다. 그래서 저들은 어떻게든 노동자들을 쥐어짜 손실을 만회하려 한다.

이를 추진하는 데서 가장 큰 걸림돌은 조직 노동자들의 반발일 것이다. 박근혜 정부가 "대기업 노조의 이기주의", "기득권 세력에 가로막힌 개혁" 등을 비난하는 것은 저항을 고립시키기 위해서다. 특히 정부는 현재의 임금 수준이 "공정"하지 못하다며 노동자들을 이간질하고 있다. 노동소득 분배율은 개선되는데 노동자들 사이에 임금 격차가 너무 크다거나, 일부 노동자들이 생산성에 비해 너무 높은 임금을 받는 게 문제라는 식이다.

그러나 철저하게 재벌·기업주의 편에 선 박근혜가 "공정"을 말하는 것이 얼마나 위선적인지는 차치하고라도, 이런 논리는 진정한 소득 격차가 어디에 있는지를 가린다는 점에서 심각한 문제다.

정부의 거짓 포장과 달리, 선진국 클럽 OECD의 권고대로 노동소득분배율을 계산해 봤을 때 1996년에 비해 2014년 현재 노동자들의 임금 몫은 무려 13퍼센트포인트나 줄었다. 그동안 노동과 자본의 소득이 각각 어떻게 변화해 왔는지를 보면 현실은 더 극적이다. 우선 지난 수년간 노동자들의 임금은 상당히 억제당했다. 2000~2014년 5인 이상 사업장의 실질임금 인상률은 2.5퍼센트로, 물가상승률 2.9퍼센트에도 미치지 못했다. 경제 성장률 3.3퍼센트에 비하면 크게 낮은 수치다. 세계경제 위기가 시작된 2008년부터 7년간 실질임금 인상률은 고작 0.5퍼센트로 0퍼센트대를 기록했다. 이 기간 경제 성장률은 3.2퍼센트였다.

반면 재벌 기업의 총자산은 기하급수적으로 늘었다. 2013~2014년 10대 재벌의 비금융 상장계열사 87개의 총자산은 82조 원이나 증가했다. 2015년 4월 현재 30대 대기업의 총자산은 2008년에 비해 두 배나 늘어난 1천5백10조 원이 넘는다.

정부는 '고임금 대비 낮은 생산성'이 문제라고도 하지만, 진실은 정반대다. 오히려 한국 노동자들의 임금인상 수준은 생산성 증가를 따라잡지 못하고 있다. 특히 2008년 세계경제 위기 이후 실질노동생산성 증가와 실질임금 증가 사이의 격차는 크게 벌어졌다.

　'생산성이 떨어지는 고령자들의 임금이 너무 높다'는 비난도 정당성이 없기는 마찬가지다. 사실 연령이 높아질수록 생산성이 떨어진다는 주장은 허구에 가깝다. 몇몇 친정부 학자들은 각종 추계 모형을 끌어다가 그럴듯한 통계를 제시하곤 하지만, 고령자들의 숙련도와 업무 관장력 등을 계산하는 것은 거의 불가능하다. 정부는 정확한 데이터가 아니라 공격의 명분이 필요할 뿐이다.

　이런 점들을 봤을 때, 박근혜와 사용자들이 내세우는 임금의 "합리성"은 노동자들에게 희생을 강요하는 데 목적이 있다. 저들은 지금 임금 인상률을 낮추거나 동결하는 단기적 처방만이 아니라, 한 발 더 나아가 만성적으로 인건비 부담을 가중시키는 현행 임금체계 자체를 뜯어고치려고 마음먹었다.

연공급제는 왜 지배자들의 골칫거리가 됐는가

"과도한 연공급제가 기업의 경쟁력을 갉아먹고 국가 경제의 활력을 떨어뜨린다." 연공급제가 정부, 재계, 보수 언론의 뭇매를 맞고 있다. 그것이 낡아 빠져 시대에 뒤떨어졌고 합리성이 떨어진다는 것이다.

그러나 연공급제가 지배자들에게 언제나 천덕꾸러기 취급을 받았던 것은 아니다. 한국의 임금체계는 1960년대 초부터 근속연수에 따라 임금이 자동으로 오르는 연공급제에 기초했다. 1980년대까지 연공급제는 고성장 시기에 안정적으로 노동력을 확보하고 노동자들의 충성심을 끌어내기에 유용한 임금체계로 여겨졌고, 사용자들은 그것을 선호했다. 사용자들은 장기근속에 따른 임금 상승을 미끼로 젊은 노동자들을 싼값에 유입할 수 있었다.

정부와 사용자들이 지금 직무성과급제를 원한다고 해서 연공급제가 일반적으로 더 좋은 임금체계라거나 직무성과급제가 일반적으로 더 나쁜 임금체계라고 말하기는 어렵다. 지배자들에게 중요한 점은 임금체계 그 자체라기보다 임금 수준이다. 즉, 노동자들의 임금 몫을 얼마나 줄일 수 있느냐, 또 그만큼 자신의 이윤 몫을 얼마나 늘릴 수 있느냐가 그들의 진정한 관심사다. 지배자들이 어떤 임금체계나 임금 구성을 선호하는가는 그것이 당시의 노동시장이나 경제적·사회적 조건에서 인건비 부담을 줄이고 인력을 운용하는 데 얼마나 유용한지에 달려 있다.

그렇다면 현재의 임금체계는 어떠한가? 한국의 임금은 호봉제를 근간으로 한 연공급제, 낮은 기본급과 복잡한 수당으로 조합된 임금 구성을 특징으로 한다.

정부 통계상 2014년 현재 1백인 이상 전체 사업장의 72.7퍼센트가 연봉제를 도입했다지만, 이 수치는 정확한 진실을 보여 주지는 못한다. 보통 한 사업장이 2~3개의 임금체계를 혼용하고 있어 [1백인 이상 사업장의 72.7퍼센트가 연봉제를 도입하고 있는] 동시에 68.3퍼센트가 호봉제도 유지하고 있다. 그러다 보니 현재 도입된 연봉제는 대체로 호봉제를 기초로 하고 있어 성과나 직무가치를 반영하지 못하는 경우가 다반사다. 예컨대, 호봉 테이블을 기초로 한 임금 항목이 "연봉"으로 이름만 바뀌거나, 기본 연봉이 성과와 상관 없이 매년 자동으로 인상되는 구조이거나 하는 식이다. 2015년 노동부 실태조사에 따르면, 고과승급을 실시하는 경우는 28.1퍼센트에 그쳤다. "무늬만 연봉제"라는 평가가 나오는 이유다.

IMF 위기 이후 성과급의 일환으로 성과배분제(기업별 성과에 따른 집단성과급)가 도입된 곳도 늘었지만, 이 또한 제구실을 하지 못한다는 평가가 많다. 경영성과 달성, 생산성 향상 자극 등의 도입 취지와 달리, 노조의 힘이 센 경우 매년 노사교섭에서 당해 기업 수익에 따른 임금 보상의 일환으로 지급되고 있다는 것이다.

이 같은 상황이 빚어진 데는 노동자들의 저항이 주요한 구실을 했다. 1990년대 들어 경기가 나빠지고 특히 1997년 IMF 위기가 터지면서, 지배자들은 연공급제를 무너뜨리려고 상당히 애를 썼다. 호황기 안정적 노동력 공급이 중요했던 과거와 달리, 불황기에는 업무 성과와 상관 없이 임금이 자동으로 오르는 임금체계가 적합하지 않다는 게 이들의 논리였다.

실제로 사용자들은 1990년대 '신인사제도'라는 이름으로 성과급 확대를 시도했는데, 노동자들의 반발에 부딪혀 만족할 만한 성과를 내지 못했다. 1987년 노동자 대투쟁을 통해 정기승급제가 생산직 노동자들에게도 확대 적용되고 인사고과가 유명무실해지고 상여금이 고정적·일률적으로 지급되는 성과를 맛본 노동자들은 사측의 공격에 호락호락 당하지 않았다. 제조업 공장에서는 인사고과를 부활하려는 사측에 맞서 투쟁이 벌어졌고, 사무직 노동자들 사이에서도 반발이 적지 않았다.

2000년대 들어서는 좀더 강력한 성과연봉제 도입 시도가 확산됐지만, 이 또한 크고 작은 반발에 제동이 걸렸다. 2000년대 중반에 공무원이나 일부 공기업 등에서 공공부문 노동자들이 투쟁을 벌였고, 그 결과 연봉제는 대체로 관리자들에게만 적용되는 데 머물거나 노동자들에게 도입이 되더라도 균등분배를 통해 현장에서 무력화된 사례가 적지 않았다.

그러나 정부와 사용자들은 2008년 시작된 경제 위기가 장기화하고 있는 지금, 더는 이 같은 상황을 방치할 수 없다고 말한다. 초기 임금을 낮게 지급하기 위해 고안된 연공급제가 이제 그 유용성을 다했고, 인건비 부담을 가중시키는 악재가 되고 있다고 보는 것이다.

지배자들의 이 같은 문제 의식은 노동시장에 생긴 근래 변화들 속에서 점점 커져 왔다. 노동력의 고령화가 대표적이다. 한국 노동자들의 평균 근속연수가 4~5년밖에 되지 않는다는 점에서 연공급제가 전체 노동시장에 미칠 파장이 크지 않아 보일 수도 있지만, 대기업·유노조 사업장을 중심으로 연령에 따른 임금 상승이 크기 때문에 이를 무너뜨리는 것이 지배자들에겐 중차대한 과제다. 정부가 자동차 제조업과 병원을 사례로 들며 40대 중반 이후부터 임금 인상률을 하락시켜야 한다고 제시한 것은 이 때문이다.

많은 청년 노동자들이 낮은 임금에 시달리고 있는 지금, 고령자들의 상대적 고임금은 세대 간 이간질을 부추기는 데도 좋은 수단으로 여겨지고 있다. 이제 많은 청년들이 취업 연령이 높아지고 한 직장에서 정년을 채우기도 어렵기 때문에, 과거와 달리 초기 저임금에 만족할 수 있는 상황이 아니다. 정부는 이런 노동자들의 정당한 불만을 연공급제를 공격하는 데 이용하고 있다.

물론 박근혜는 청년의 임금 수준을 높이는 데는 전혀 관심이 없다. 도리어 이들에게 열악한 저임금 일자리를 강요하거나, 대졸 초임 수준을 더 낮추라거나, 신입사원들에게 먼저 임금체계 개악을 적용하려 한다.

한편, 지배자들이 "연공급제 타파"를 외치는 데는 통상임금에 관한 법원 판결이나 정년연장과 같은 제도·조건의 변화도 영향을 미쳤다. 특히 법원이 상여금, 복리후생비 등을 고정급의 한 형태로 인정하면서 사회적 논란이 확대되자, 통상임금 문제는 기업의 수익성을 압박할 악재로 여겨졌다.

법원이 이렇게 판결한 데는 기본급을 낮추려고 도입된 상여금 등의 일부 임금 항목이 노동자들의 요구 속에서 고정급화해 온 현실을 반영한 것이기도 하다. 복잡한 수당들은 사용자들이 기본급을 낮추려고 고안한 것이었지만, 노동자들의 임금 인상 투쟁 속에서 그 액수가 커지고 고정급화하면서 이제 사용자들에게 골칫거리가 된 것이다.

이 때문에 정부와 사용자들은 통상임금 범위에 관한 법제도 개선을 추진하는 한편, '임금은 일한 만큼, 성과를 낸 만큼 지급해야 한다'며 성과주의 임금체계로 전환해야 한다는 목소리를 높여 왔다.

요컨대, 오늘날 연공급제는 지배자들에게 경제적·사회적 변화에 조응하지 못한 채 고정적 인건비 부담을 키우는 "경직성"의 대명사로 여겨지고 있다. 한국의 역사적 맥락에서 볼 때, 연공급제는 장기근속이라는 고용 "경직성"과도 결합될 뿐 아니라 집단적 투쟁을 통해 노동조합의 영향력이 커지면서 강화돼 왔다. 이 때문에 박근혜 정부는 연공급에 기초한 임금체계, 인력운용을 성과주의로 전환해야 한다고 강조하고 있다.

성과주의 임금체계, 무엇이 문제인가

박근혜 정부가 지금 연공급제를 해체하고 도입하려는 임금체계는 직무성과급제다. 이는 직무급과 성과급이 결합된 형태인데, 이런 임금체계를 구축하려면 노동자들이 하는 업무를 구분해 직무군으로 묶고 각각에 대한 평가 기준을 세워 등급을 매기는 복잡한 일을 해야 한다.

정부는 이를 위해 지난 몇 년간 한국에 존재하는 수많은 일의 종류를 모으고 정리해 직무별 능력 등급을 제시하는 국가직무능력표준(NCS)을 개발했다. 그리고 일과 교육의 연계를 강화하기 위해 우선 이 국가직무능력표준을 직업교육에 활용했다. 기업이 인력을 채용하면 곧바로 업무에 투입할 수 있도록, 특성화고와 대학의 교육과정을 개편해 온 것이다. 여기서 한 발 더 나아가 정부는 지난해부터 공공기관 신입사원 채용에 국가직무능력표준을 활용하기 시작했다. 그리고 곧 임금체계 개편에도 활용하겠다는 방침이다.

물론 국가직무능력표준은 큰 틀의 방향을 제시한 것뿐이어서, 각 사업장에 실제 적용하는 것은 만만치 않다. 그럼에도 정부가 몇 년에 걸쳐 이 방대한 작업을 한 것은, 그것을 기초로 구축될 직무급제가 연공급제를 해체(완화)하는 데서 효과가 있다고 보기 때문인 듯하다. 직무급제는 연령이나 근속연수에 상관 없이 직무 간에 임금 차등을 두는 임금체계인데다, 개별 성과에 따른 성과급제보다 평가가 '객관적'이라는 인상을 줄 수 있으리라 기대하는 것이다. 실제로 1990년대 일본의 직무급제 도입 활성화는 이런 효과를 노린 것이었다.

그런데 직무 단위를 중심으로 설계된 직무급제 하에서는 직무를 뛰어넘어 노동자들을 유연하게 전환 배치하기가 어

럽고, 임금을 개별 성과에 직접 연동시키는 데서도 한계가 있다. 경총 등 사용자들은 바로 이 점 때문에 직무급제 자체보다 이를 성과와 연동시키는 데 특별히 관심이 높다. 직무급제가 발달한 미국에서도 한 직무 단위를 넓혀 업무간 유연성을 높이면서 성과급을 확대해 왔다.

지금 정부와 사용자들이 추진하고 있는 임금체계 개편의 핵심도 성과급 확대에 있다. 예컨대, 정부는 올해 공무원의 성과연봉제 대상을 4급 관리자에서 5급 관리자로 확대했고, 6급 이하 노동자들에게도 임금 항목의 성과급 비중을 늘리려 하고 있다. 공공기관과 금융권에서는 임금체계 자체를 바꿔 기존의 호봉제를 성과연봉제로 전환시키려 한다. 정부가 추진하는 공공기관 성과연봉제 전환 대상은 4급 이상인데, 이는 전 직원의 70퍼센트에 해당하는 규모다. 노동자들의 상당수가 그 대상에 포함된 것이다.

민간부문에서도 임금피크제 도입과 함께 임금체계 개편이 올해 임단협의 핵심 쟁점이 될 전망이다. 현대차 사측은 이미 지난해 그룹사 전체에서 호봉제를 폐지하겠다고 선언하고 '신임금체계' 개편안을 내놓았다. 그 내용인 즉, 현행 임금체계를 단순화하고 기초급 비중을 늘리되, 인사고과를 부활시켜 개별 성과급을 확대하고 상여금의 일부만을 고정 급화해 통상임금을 억제하겠다는 것이다.

당시 노동자들 사이에선 이 같은 임금체계 개악에 대한 불만이 상당했지만, 사측이 임금 구성을 단순화하고 기본급을 확대하겠다고 한 것에 대한 논란도 잠시 일었다. 사실 정부와 사용자들이 임금체계 개편의 논거로 바로 이 점 — 복잡한 임금 구성을 단순화해야 한다 — 을 들고 있는데, 이는 오랫동안 노동자들이 불만을 가져왔던 점을 일부 달래주는 효과를 낸다. 그러나 현대차 사측의 '신임금체계' 안이 보여 주듯, 이는 임금체계 개편을 정당화려는 꼼수이므로 단지 임금 구성의 단순화만이 아니라 임금 수준과 성과급 여부 등을 종합해서 봐야 한다.

정부와 사용자들은 특히 임금이 노동조합의 "떼쓰기"로 "성과와 상관 없이 그냥 오르는 것"이어서는 안 된다는 점을 강조하고 싶어 한다. "임금을 투자와 효율이라는 관점에서 재조명해야 한다"는 말은 이런 지배자들의 문제의식을 잘 보여 준다. 지난 몇 년간 통상임금 문제가 불거지면서 경총

등은 임금에 관한 법률 규정도 후퇴시키려 해 왔는데, 그 핵심 요지는 '임금은 직접적 일에 대한 보상'이어야 한다는 것이다.

이 말은 자본주의 임금제도의 현실을 반영하는 것처럼 보이지만, 실상은 임금 삭감을 정당화 하기 위한 이데올로기 대응이다. 예컨대, 2010년에 발표된 한 정부 보고서는 상여금, 가족수당, 학비보조금, 휴가비, 식대 등이 "근로의 대가에 해당하지 않는다"며 법률상의 임금 개념에 대한 전면 재검토를 촉구했다. 즉, 자신들이 보기에 불필요한 임금 항목을 제거하거나 적어도 임금 산정의 기초가 되는 통상임금에 적용하지 말아야 한다는 것이다.

물론, 성과급제가 도입된다고 당장 한 사업장 노동자들 전체의 임금 총액이 줄어드는 것은 아니다. 일부는 임금이 오르기도 하므로, 개별 노동자들로 보면 임금이 인상될 수 있다는 기대를 가질 수도 있다.

그러나 호봉제가 폐지되면 매년 자동으로 임금이 오르던 효과가 사라져 대다수 노동자들이 실질임금을 삭감당하게 된다. 하위 등급을 받은 노동자들은 더 큰 삭감을 당할 것이다. 그리고 이렇게 전반적으로 임금 수준이 떨어지면 고과점수를 잘 받은 노동자들도 하향 압박을 받게 된다. 따라서 성과주의 임금체계가 전반적인 임금 억제를 노리고 있다는 점을 분명히 하는 것이 중요하다.

성과주의 임금체계의 또 다른 목표 중 하나는 노동자들의 "충성"을 유도하고 "근로 의욕"을 높이는 것이다. 사용자들에게 이 말은 곧 노동자들을 관리자들에게 줄 서게 만들고 효과적으로 통제하겠다는 뜻이고 더 강도 높게 일하도록 만들겠다는 뜻이다. 사용자들이 자기 입맛에 맞게 '말 잘 듣는 직원에게는 임금을 더 주고 딴지 거는 직원에게는 임금을 덜 주는' 식으로 임금을 배분할 수 있다면, 노동자들을 통제하기가 더 쉬워질 것이다.

성과주의 임금체계는 끊임 없는 경쟁 압력을 낳아 노동자들 사이에 단결을 저하시키고 효과적인 저항을 조직하기도 어렵게 만들 수 있다. 그러나 이는 동시에 모순적 효과도 낸다. 경쟁과 갈등은 업무에 필수적인 협력마저 해치고 장기적 목표를 달성하는 데 어려움을 주기도 한다. 동료와 선후배 사이에서 서로의 노하우와 지식을 공유하기를 꺼리는 분위기가 조성되고, 단기 실적에 치중하면서 장기적 과제를 뒷전에 두게 되는 결과를 빚을 수 있는 것이다.

특히 "공정한" 직무·성과 평가가 가능하냐는 문제가 있다. 대규모 협업 시스템이 발달한 오늘날, 노동자들의 업무수행 평가는 계량화되기 어려워 대개 추상적으로 설정되기가 십상이다. '개인의 업무 능력을 개발한다'거나, '새로운 제품과 서비스를 개발한다'거나, '고객 만족을 증진시킨다'는식으로 말이다. 세계적으로 성과주의 임금체계가 확산되면서 노동자들의 업무 성과를 측정하는 여러 "선진적" 관리기법들이 발달하기는 했지만, 그것도 현실에서는 여러 난관과반발에 부딪히기 일쑤였다.

예컨대, 공공서비스 업무를 맡고 있는 공공부문 노동자들의 "성과"를 어떻게 측정할 것인가? 공공부문의 업무 성격상 '투입' 대비 '산출'이라는 시장논리에 따른 평가가 적절하지도 않거니와, 이런 일은 수치로 계량화되기도 사실상 불가능하다. 미국에선 공무원의 민원처리 시간을 평가의 기준으로 삼는데, 업무의 성격상 시간을 줄이는 것이 더 "효율"적이라고 말할 수 없고 민원의 성격과 내용에 따라 처리 시간도 천차만별이라 시간을 중심으로 한 평가 지표가 생긴 뒤로도 개선 효과를 거두기 어려웠다.

제조업의 경우에는 시간당 생산량을 측정하기가 쉽기 때문에 개수급을 사용할 수는 있다. 그러나 컨베이어 시스템 하에서 협력적으로 일하는 노동자들의 개인별 기여도를 측정하는 것은 거의 불가능하다. 노동부가 일부 제조업체들에 제공한 임금 컨설팅 사례를 보면 생산직 노동자들에게 적용하는 성과 지표에는 근태, 충성도, 안전관리, 불량률 등이 사용되는데, 이는 관리자의 주관적 평가가 절대적 기준으로 작용하거나 안전사고 등의 책임을 개인에게 떠넘기는 효과만 낼 것이다.

심지어 여러 설문조사에서 기업의 인사 담당자들조차 성과연봉제의 가장 큰 문제점으로, 평가의 객관성을 마련하기가 어렵다, 직원의 불만을 달래기가 어렵다, 협력적 업무를 하기가 어렵다는 점을 꼽았다. 많은 기업들이 평가 지표와 결과를 투명하게 공개하기를 꺼리는 이유다.

이런 점들 때문에 성과주의 임금체계는 노동자들의 불만의 대상이 돼 왔다. 그것이 노동자 대다수의 임금을 하락시키고 경쟁으로 내몰고 단결을 해치기 때문이다. 더구나 평가 지표의 '공정성'이 전혀 보장되지 못하기 때문에 세계 곳곳에서 평가 결과를 납득할 수 없다는 불만과 항의가 잦았다.

한국 노동자들도 투쟁을 통해서 1990년대 이후, 특히 IMF 위기 이후 시도돼 온 성과주의 임금체계 도입을 상당히 막아 왔다. 지금도 성과주의 임금체계 도입에 대한 광범한 불만이 있다. 이런 불만을 효과적으로 조직해 파업과 항의 등의 방법으로 박근혜 정부와 사용자들의 공격에 단호하게 맞선다면, 그것을 상당히 좌절시킬 수 있을 것이다.